地方高校教师高质量发展体系研究

龚胜意 ◎ 著

中国原子能出版社

图书在版编目（CIP）数据

地方高校教师高质量发展体系研究 / 龚胜意著 . -- 北京：中国原子能出版社，2023.6（2025.3重印）

ISBN 978-7-5221-2797-2

Ⅰ. ①地⋯　Ⅱ. ①龚⋯　Ⅲ. ①地方高校 – 师资培养 – 研究 – 中国　Ⅳ. ① G645.12

中国国家版本馆 CIP 数据核字（2023）第 119637 号

地方高校教师高质量发展体系研究

出版发行	中国原子能出版社（北京市海淀区阜成路 43 号 100048）	
责任编辑	胡　静	
责任印制	赵　明	
印　　刷	北京天恒嘉业印刷有限公司	
经　　销	全国新华书店	
开　　本	787 mm×1092 mm　1/16	
印　　张	12.75	
字　　数	200 千字	
版　　次	2023 年 6 月第 1 版　2025 年 3 月第 2 次印刷	
书　　号	ISBN 978-7-5221-2797-2	**定　价　76.00 元**

发行电话：010-68452845　　　　　　　　　　　　版权所有　侵权必究

前　言

　　高校师资队伍是高校人才培养、科研与社会服务之间的桥梁与纽带，他们的职业成长对高校人才培养具有重要的推动作用。我国地方大学教师的专业发展面临着两难境地——专业发展的主体性和积极性不足、校本模型和环境建设受限。可以从激发教师的专业自主发展意识入手，用组织的发展来推动教师的专业发展；从专业发展与教学发展交互联动等方面来提高地方高校教师个人素养与专业能力，从而促进专业发展。

　　本书首先对地方高校教师专业高质量发展的基本理论、教师专业发展内在因素及发展的基本特征做了简要介绍；其次阐述了大学教师角色冲突研究的理论体系建设，其中包括大学教师角色冲突研究的概念、理论依据、分析框架及大学教师角色社会化的基本形式；再次分析了地方高校教师教学能力的高质量发展体系建设，让读者对地方高校教师教学能力有一个全新的认识；然后对转型中的地方高校教师发展体系建设进行了较大幅度的改进，最后从多维度阐述了基于多元视角的地方高校教师高质量发展体系建设及大数据时代地方高校教师教学能力研究。本书充分反映了 21 世纪我国在地方高校教师高质量发展应用领域的前沿问题，力求让读者认识到地方高校教师高质量发展体系研究的重要性和必要性。本书兼具理论与实际应用价值，可供广大地方高校教师相关工作者参考和借鉴。

　　为了提升本书的学术性与严谨性，在撰写过程中，参阅了大量的文献资料，引用了诸多专家学者的研究成果，因篇幅有限，不能一一列举，在此一并表示最诚挚的感谢。由于时间仓促，加之水平有限，在撰写过程中难免出现不足的地方，希望各位读者不吝赐教，提出宝贵的意见，以便笔者在今后的学习中加以改进。

龚胜意

目　录

第一章 地方高校教师专业高质量发展概述

第一节 教师专业发展研究的演变研究

一、对教师专业发展逐渐关注的背景与过程

"教师"与"教师教育"一直是一个被广泛重视的话题,《中国教育年鉴》在 1963 年与 1980 年两次都有关于"教师"与"教师教育"的话题,不过两次的话题都不一样。1963 年《世界教育年鉴》的题目为"教育和师资培训";1980 年的题目是"教师专业化发展"。在研究对象的着眼点上,体现了时代背景的变迁。

在 20 世纪 60 年代,全世界都出现了师资严重不足的问题,因此,对师资的紧急培训问题进行了探讨。在此期间,发展中国家人民希望提高生活水准,普及小学教育,而发达国家人民希望扩大中学和高等教育规模;再加上生育率的不断提高,使得适龄儿童数量迅速增长,因忙于应对师资"量"的迫切需要,而忽视了师资"质"的问题。在英国,纽瑟姆在 1963 年的一份报告中提出了一种新的教师培训模式。

但 20 世纪 60 年代中后期,情况发生了一些新的改变,在多个层面上,高等师范院校的师资队伍建设受到了很大的压力。首先,全世界所有国家的人口都在大幅度减少,这就导致了老师的数量锐减。其次,财政方面的问题,因为它必须大幅缩减公共开支,所以常常会将师资培训学校列为缩减的

目标。在这一点上，英国的情况是最糟糕的，主要采取的措施是关闭一个独立的教师培训中心，或将几所独立的师范院校合并，或将它们并入另一所大学或一所多学科的技术学院。这些措施的实施效果并不理想，从而使人们对政府的信任程度降低，这一现象可以从"去学校""提高效率"等的要求中得到证实。人们对教学质量的不满、对师资水平的质疑，自然而然地引起了对师资培训的重视。从那时起，师资培训单位所承受的压力逐步降低，为扩大师资队伍提供了条件。在此基础上，对教师进行专业培训的理念也逐步加强。

1966 年联合国教科文组织和世界劳工组织曾在《关于教师地位的建议》中指出，要将教师这一行业视为一种特殊的行业。30 年后，1996 年第 45 届国际教育大会的主题是"加强教师在多变世界中的作用之教育"，再度强调老师在变革的社会中所扮演的角色，并提出应从四个层面来落实：赋予老师更多的自主权与责任意识，提升老师的职业地位；将新的资讯与通信科技应用于教师的教学工作；通过自身的素质和工作中的培训，增强他们的专业水平；确保老师们在教育改革中的积极参与，并与其他团体维持良好的合作。20 世纪 80 年代以后，我国越来越多的学校开始重视对教师的专业化培养。在美国，有一篇名为"救我！老师不会教！"的文章引发了社会对师资队伍建设的关注，也开启了以提升师资队伍、推动师资队伍建设为中心的教学改革。此后，又相继出现了《国家在危急中：教育改革势在必行》《明天的教师》《国家为培养 21 世纪的教师做准备》《明日之学校》《明日之教育学院》等令学校及教育管理机关十分感兴趣的书籍或报告。尤其是霍姆斯集团所发表的一系列报道，给教育职业带来了强有力的冲击。在《明天的教师》一书中，霍姆斯小组提出了一项全新的教师培训计划，那就是一改过去只有大学一家独大的状况，将教育界和中小学结合在一起，成立一所职业培训机构，就像医疗行业里的医疗机构一样，加强大学老师、中小学导师和学生的沟通和协作。《明日之学校》为职业发展学校提供了一种设计理念。《明日之教育学院》提供了一种全新的师资培训方案，使其既能兼顾青年教师的学业需求，又能兼顾教师职业生涯的整体发展需求；建立职业发展学院，一改以往只在高校进行师资培训，而很少深入中小学的状况，实现高校之间的协作，提升师资培训的品质。从那以后，很多的研究与改革都以最大限度地促进教师的专业化发展为中心。这一切都说明，教育理论界一直都在关注着这一问题。近几年，很多研究生都将教师专业化发展当作了学位论文的主题，他们从多个视角，建立了教师专业化的理论框架，探索了教育专业道德规范的建设路径，研究了提高教学专业地位的目标与策略，发掘教师专业社会化的规律。国家提倡"素质教育"，以打破"应试教育"之风。而学生质量的提升，又离不开教师质量的提升。因此，在《面向 21 世纪教育振兴行动计划》中，教育部将通过理论学习、课题研究、实践学习与总结、海外考察与著作等多种方式，全面提升师资综合素质，推动师资队伍建设。这项计划的开展，标志着我国已经从纯粹的学历教育达到标准，升级到提升教师自身的职业素养，并且为持续提升和发展教师的职业素养，构建了一个完善的教师持续教育网络。虽然从教师教育的实际情况来看，特别是从符合教师专业发展的合理性要求的角度来看，在观念、政策、制度、内容、方法等方面还存在着很多不尽如人意的地方，但是，重视教师内在素质的提升、尊重教师专业发展规律的意识已经开始显现出来。

二、从"教师专业化"到"教师专业发展"

在与教师专业化相关的西方文献中，人们对"专业""教师专业化""教师专业发展"等重要概念的理解存在着差异，这些概念之间的关系也比较复杂。本节强调了各个概念的特点，以及其发展的一般规律，以便在此基础上，形成比较鲜明的对比，以免产生模糊或错误的理解。在此，需要对"教师专业化"与"教师专业成长"两个基本概念加以解释。从更广的角度来看，两者有共同的含义，都是用来表示增强教师专业化的进程；两者相结合的时候，可以从个体、群体和内在、外在两个维度来进行区别，"教师专业化"更侧重于促进教师群体外在的专业化，而"教师专业成长"更侧重于教师个体的内在成长。这种划分是在历史发展的过程中产生的，换言之，接下来要对教师专业化及与此相关的发展轨迹进行研究，在一定意义上，也就是对教师专业化概念的衍变、分化，重心逐步向教师专业发展倾斜。

为促进教师的专业发展，最初采取的是以小组为核心的专业发展战略。其中有两个方向：一个方向是强调以制定严谨的职业标准来提高职业技能水平的"专业主义"方向；另一个方向是强调"工会主义"导向，即以追求社会对教师职业身份的认同为核心，以获得专业化。在此基础上，教师个人的专业发展也有一个重心的转变，不过由于种种原因，假"教师专业发展"之名，行被动专业化之实的"沽名钓誉""鱼目混珠"者不乏其例，因而显得有些混乱。对于这一发展过程，可以课程理论研究中研究重点的变换过程来予以说明。

（一）教师专业化策略的竞争与转向（以美国为例）

教师培养目标的确立、课程的选择、课程的实施，都与人们对教师专业水平的认识有着密切的关系。为了让每位老师都能获得更好的发展，一直在努力推动着这个团体的专业发展，即人们所说的"专业化"。总体而言，随着社会对教师职业专业化的认同，教师的社会经济地位也会随之提高，从而提高教师的生源质量和教师教育的物质条件等。但是，纵观英美各国对教育职业身份的争夺历程，可以发现，由于受到政府和外部控制的科级机构的双重压迫，教师很难建立起自己的职业自主权，提高自己的职业身份。例如，在社会学的"权力模式"理论中，医学界在为自己的职业身份奋斗中取得了胜利，而在为自己的职业生涯奋斗中，却未能实现自己的职业自主权。对西方资本主义国家来说，之所以出现这种情况，是因为教育是资本主义体系中不可缺少的一种职能，所以，必须由国家力量对教育进行介入，乃至对教育进行独占，使教育成为国家机构的一个组成部分。

在我国中小学教师队伍建设中，教师专业机构发挥着举足轻重的作用。但是，就追求职业的整体地位而言，职业团体却呈现出两种截然不同的趋势：一种是以职业本身为中心，制定职业的标准与准则，以提高职业为社区提供的服务；另一种是指教师职业的社会认同，以及教师经济地位的提高、工作环境的改善。这在美国的两个主要的教育组织（NEA）与美国教师联盟（AFT）

之间的竞争与对抗中得到了部分的体现。美国国家教育学会是一个专门的、全面的教育机构，它创建于 1857 年，是全球最大的师资机构，在职业教育方面也是首屈一指。最初，它被称为"国家教师协会"。1870 年，"国家教育顾问委员会"和"美国师范委员会"合并组成了"国家教师委员会"。它的成员有公营学校的老师、行政人员等。美国教师联盟于 1916 年 4 月 15 日建立，它的宪章中说："这个团体应该包括公共学校的教师联盟和与这个宪章中的条款相一致的其他教育团体。"其后通过的法律条文，准许公立学校的校长、副校长、系主任和其他行政官员组成的社团可以参加。1966 年，在经过修订的《联邦宪章》中，校长级别的管理人员已被撤销。这两个机构在教师队伍的专业化上分别采取了两种截然不同的路径：职业化的发展方向是强调高水平的教师入学等，而工会化则是追求提高全体职业人士的社会地位。美国教师联盟则是采取工会化的方式。

美国教师联盟与一些工会组织形成了紧密的联系，这些工会组织要求使用黑人劳工，并通过集体协商来保护劳动者的权益。纽约市的一个分会成功激励了美国教师联盟全面采用了黑人劳工和劳资双方协商的方式。在纽约市黑人工作取得成功后，美国教师联盟的领袖们宣布与美国工人联盟（AFL）和美国工业联盟（CO）完全联盟，骄傲地宣布了教师联盟的性质，并有责任使用联盟战术，将自身融入美国工人联盟（AFL）和美国工业联盟（CO）的政策中去，还公然提倡黑人工作。这个团体的观点是：美国教师联盟是唯一一个可以真实地代表教室里的老师的机构；国家教育学会主要由学校管理者组成，在这样的机构中，老师们不能保证获得公平的财务待遇，也不能保证获得职业上的承认；与有组织的工人之间的关系是非常重要的，因为工人的政治和经济实力可以给予老师必要的特殊待遇；老师和其他工作者面对相同的问题；一切劳动者必须团结在一起，既要保护自己的利益，也要保护整个社会的利益。

与此形成鲜明对比的是，国家教育学会始终坚持其自身的专业性、自主性，不依赖于任何的社会团体，并提倡以教育专业化的方式和州的法律方式实现这一目的。

就实践效果而言，仅靠黑人工作这一方式，很难有效地提高教师的专业水平，也很难得到社会的认同。根据国际劳工组织对 10 个发达国家和发展中国家进行的抽样调查显示，"尽管在政策上，人们越来越认识到教师有结社自由，但是，在很多国家，尤其是在那些曾经一直尊重老师和其他工作者的国家里，集体协商的自由依然是一个例外。"此外，因为教师工会依赖于工会组织，在许多情形下，他们都很难维护自己的独立专业地位。因此，利用教师专业组织的内部自治，制定出更高入职资格许可、资格认定、任职和专业制裁的标准，使教师整体素质提升，这就是教师专业化的基础和前提。事实上，一些倾向于以工会为主导的教员团体，在获得了更高的薪水和更好的工作环境后，也会不遗余力地制定职业规范来提升职业素养。在美国的师资教育改革中，可以清楚地看到一种逐步提高教师职业水平的倾向。美国还设立了一个国家职业教育标准委员会（NBPTS），其目的就是比对职业教育的要求，制定一个比教师执照更高、更严格的要求。

如前所述，由于教育属于国家机构的一部份，所以单靠工会，很难在一个资本主义社会里取得职业地位，因此，唯有把职业人士的社会经济地位与改进职业服务的程度相结合，才能使这两个目标得以达成。但是，制定严格的职业标准等职业化行为，充其量也只是建立了一套职业化体系，职业化体系只是"过滤"出了一些不合格的老师，并不能确保每位老师都能在自己的专业知识和专业水平上得到持续的提升。这就需要教师个人的专业发展。因此，开始从"集体"的战略逐步转向"个人"的战略。

早期实施的"个性化"的"教师专业发展"战略，以"被动式"的教师专业发展为主。就教师本身而言，他们常常将教学工作仅当作一种谋生的方式，他们在自己的职业生涯中，只有在自己的事业中，才将自己的事业晋升当作工作的主要动机。在这个过程中，为了获得社会的认可，教师只能是被动地去完成外部制定的职业规范。在西方发达国家，20 世纪 80 年代之前，"临床指导"与"教师评估"仍是提升教师职业素养的重要手段，是实现"消极专业化"的重要前提。临床指导是指导者（如教研员、学校领导及其他教学管理人员、视导员、执教者的同事等）帮助教师改进教学行为的一种现场管理策略。临床指导包括课堂观摩、分析与规划、教师讨论、课后总结。虽然对"临床指导"作用的总结褒贬不一，主要为过于注重教学技巧。20 世纪 90 年代之前，"教师评估"也受到了广泛的重视，特别是在注重有效评估的美国，更是将其视为提高教师质量的手段之一。在对教师的评估中，首先要通过指导老师或管理者对班级进行观摩，然后根据某些"标准"给予相应的评分，而这种"标准"大多来源于对教师进行有效性调查。一学期内，辅导老师要对每位老师进行 2 ~ 3 次的课堂观摩。最终，进行总结评价，确定奖励与惩罚、升迁与留任。这种以"评价"为基础，而非以自身发展为基础的教师评价，对于提升教师内部质量的作用是有限的，其所能反映的只是外部表现，无法反映出教师思考和设计的方式。因为上述几种方法都没有取得很好的成效，这就引发了对教师专业成长的进一步讨论，并根据这些讨论，提出了"自我指导发展""合作或集体发展""以变革为导向的教师培训""教师角色扩展"等新的方法，来推动教师的专业发展。

杰克逊在 20 世纪 70 年代初，就以批评教师"被动专业"的口气预言，教师的"被动专业化"必将被"尊重教师个体发展规律"和"重视教师自身的积极角色"所取代。他将消极的教师专业化称为"缺陷"的教师发展，将积极的教师专业化称为"成长"的教师发展。他认为，要从"缺陷"的教师发展，到"成长"的教师发展，才能真正地提升教师的内部质量。根据杰克逊的分析，"缺陷"理论认为，教师在教学过程中有一定的失误和不足，而在职的师资培训就是为了纠正这种失误和不足。"成长"的观点认为，教育是一个复杂的、多维的活动，教师的学习已经不只是一个补漏的过程，更多的是对艺术实践不断的追求。当然，从某种程度上来说，"成长"也是一种对"缺陷"的弥补，而且"成长"这个词更具有积极的含义。教师自身的教学经验是教学知识的一个重要来源，但是仅仅依靠自己的教学经验，仍然很难让他们得到自己的专业发展。因此，在职业教育中，应该帮助教师培养出对自己课堂教学的敏感度，让他们从对自己教学经验的反思和概念化中，得到专业化发展。从这一点来看，前者没有从教师本身、教师的专业发展角度来看，更多的是在进行"加法"，而后者则从"成长"的角度来看，在这一过程中，对教师的职业发展起到了促进作用。

（二）理论研究领域中重心的转移：从个体被动专业化到教师专业发展

在"被动的教师专业化"战略中，教师自身并没有发挥任何的角色，也没有发挥任何的作用。这种现状与人们对教师在教育中的地位与功能的理解密不可分。在"重新发现"教师身份与角色的同时，也改变了教师在个人专业发展过程中的消极状态。在"教师"与"课程"的关系研究中，教师被再发掘的现象尤为突出。

从历史发展的视角可以看到，在教师与课程的一体到分化再到融合的演变，剔除教师与课程的一体，教师在课程中的角色也随之改变，不仅被视为是"课程实施者"，还被视为"课程发展的研究人员和参加者"。这种理念的改变，既是教师专业化发展的一个有利外在条件，也是教师专业化发展的一个切实可行的方法。在课程设置权力逐步下放的背景下，对师资队伍提出了更高的要求，也恰好反映出了当代教师"专业化"从"技术型专家"模式到"反思型专家"模式的转变。

在现代教育体制化的大环境中，把产业经营的理念运用到教育中，使课程目标、课程内容、课程实施、课程评价等环节"标准化""科学化"，使教师成为"教书匠"。在这样的情况下，教师的"专业化"水平依赖于他们专业知识和技术的成熟程度，他们的专业实力受到学科内容的专业知识、教育学和心理学的科学原理和技术的限制；而他们的专业实践则被看作是对学科内容的知识、教学理论和心理学的原理和技术的合理运用，专业实践依赖于专业知识、原理和技术的保证。并且，在该研究模式中，人们普遍认为，知识、原理、技术等知识可以被"教""传递"到教师身上，而教师则处在一种"专业化"的被动地位，这并不能称之为"教师的专业成长"。斯腾豪斯在20世纪60年代首次提出了"教师就是研究人员"这一概念，并在国际上引起了很大的反响。课程改革的成功与否，主要依赖于教师对课程的态度及参与程度，但"防御型教师"课程制度将教师排斥在课程发展之外。从20世纪80年代开始，世界各国相继成立了"教师发展""课程发展"等专业机构，将

"课程发展"的权利从"专业"转移到"教学","科研"成为课程发展的一种新形式。在此情境中,课程的发展、教师的成长与专业发展合而为一。与此相对应,"反思型参与者"的模式也是教师培训与发展的必然选择。在这一范式中,教师的成长与发展离不开实践,也就是应用了实践所形成的问题意识与问题解决的成熟度。在以"参与"和"反思"为特点的行动研究中,教师可以通过行动研究来提高自己的教学水平,从而实现自身的专业化发展。

从理论研究发展的视角来看,以获取教师专业自主权为中心的西方一些课程研究者提出的"教师专业化"的发展路径,符合"教师群体专业化→教师个体被动专业化→教师专业发展"的发展路径。斯腾豪斯是一位早期的课程学者,他将"教师在课程中的作用"看作是一种激励,从而推动了"教师群体"和"教师个体"的发展,进一步推动了"教师专业化"的发展。斯腾豪斯提出了"教师成为研究者"这一根本战略。

埃利奥特则指出,虽然斯腾豪斯提倡让老师们从事研究工作,但事实上,很多课程研究都是老师们提出的,老师们只是为了证明自己的职业性,并没有从根本上解决老师们的专业独立性的问题。因此,埃利奥特认为,教师应该成为"行为研究者",不应该将"专家"的概念视为理所应当,而是应该在自己的教育实践中,提出问题、解决问题,提出假设、测试假设并评估,从而实现自己的职业独立性和自我发展。

凯米斯在斯腾豪斯的"教师成为研究者"的基础上更进一步,他认为教师就是"解放的行动研究者",即教师并不是在专家的直接指导下进行研究,而是在其自身的社群引导下进行研究,而专家仅仅是协助其工作。这样保证了教师在科研活动中的完全参与,并使他们解放自身的专长,实现了自身的独立与发展。

从斯腾豪斯到埃利奥特,到凯米斯,以及其他学者,都提出了逐步增强教师参与课程开发的能力,同时也是一个不断提升教师专业化水平,推动其专业化发展的进程。

从这一点可以看出,课程开发理念的发展和教师的专业成长是紧密相关的,它既是一种"将课程交还于老师"的理念,又是一种对教师自身素质的提升。同时，在新课程实施中，教师所得到的职业成长，也将使其更好地参与到新课程实施中来。教师在课程发展中的角色转变，促进了教师的专业化发展。

《80年代教育年刊》的发表，体现了从消极的个体专业化到积极的个体专业化，也就是教师的专业发展。从20世纪80年代开始，围绕着这一问题召开了许多国际性的学术研讨会。例如，1989年2月多伦多大会和1991年2月温哥华大会。举办这样的学术研讨会，对于深化"教师专业发展"概念，并在实际工作中推进"教师专业发展"，具有重要的现实意义。

三、教师专业发展研究现状及其局限

在20世纪80年代以后，国际上对教师的专业发展进行了广泛而深入的探讨，并取得了丰硕的成果。下面会在回顾现有研究主题时，寻求新的研究出发点。

（一）教师专业发展研究的主要课题

从现有的研究来看，对教师专业发展的研究重点主要集中在以下两个方面：一方面是教师在现实生活中所经历的专业发展的变化过程，着重对教师的专业发展具体表现在哪些方面、各个方面的发展要经历哪些阶段和发展是否存在着关键期等进行深入的探讨。另一方面是提升教师专业发展的途径，探讨在相关理念的指引下，为教师提供什么样的外部环境与条件，使其能够更好地度过职业发展过程中需要经过的各个阶段。因此，对教师专业化发展的进程规律进行探讨，既是对教师专业化发展路径进行探讨的前提，又是探讨的重要基础。

在已有的研究当中，对教师职业发展的现实变迁过程的研究是比较成熟和丰富的。根据研究视角与框架的不同，对教师专业发展的研究可以分为四类："职业/生命周期"研究框架、"认知发展"研究框架、"教师社会化"研究框架及"关注"研究框架。下面主要介绍"职业/生命周期"研究和"关注"研究。"职业/生命周期"研究是指对教师职业及生活阶段特点的描述

性研究，这种研究是"普通职业周期"及"人类普通生命周期"两种不同类型的研究，其理论基础是"人的生理的自然成熟"及"人的职业的自然适应"。"关注"研究着重探讨了从非专家向专家转变的各个阶段中，教师所面临的各种问题和关注的热点，该类型的研究是围绕着教师的专业化发展展开的。

从研究的内容来看，已有的研究大都涵盖了教师各方面的发展变化，如专业认知、行为态度、道德伦理等；从研究的方法上，现有的研究是相当丰富。主要研究内容包括：①描述性研究：教师的具体发展演变过程；②实验研究：探索教师的具体发展演变对教师的影响；③相关研究：教师的专业发展特征与其教学效果的关系；④不同情况下的教师专业发展对比研究；⑤教师专业发展的差异；⑥教师离开教坛后的专业发展模式对比研究。

不过，关于有意识地推动和影响教师专业发展的研究仍然很少，这可能是因为这方面需要很长的实验研究，但是，它更有实用价值。主要的研究内容有对职教师资的培训内容、培训方式、培训时间等进行探讨；对教师的指导作用、不同形式的激励与奖励作用等进行了探讨。

（二）现有研究的局限

通过对教师专业发展研究主要课题的探讨，可以从不同的角度来认识教师的专业成长，从而为提高教师的专业成长水平提供基础。但是，就整体而言，现有的关于不同类别的教师专业成长的研究还存在着如下不足。

（1）缺乏对教师专业发展各个层面进行全面的研究。已有研究或是从某个视角，以"描述"的方式（特别是以个体的全职业历程为例），缺乏对其内部组成要素的运行规律及外部影响要素的作用机制的剖析。以往的研究多关注于某一种内外部因素的影响，而忽略了从整体上看各个因素的影响。

（2）缺乏在时间维度上分析内部结构因子及其与外部因素交互作用的纵向发展为理论指导框架和结论表达方式的研究。

而且，以往的研究都忽略了教师在职业生涯中的角色。我国高校教师职业发展的研究还未将其自身的职业需求与职业意识当作一个单独的因素来进行探讨；在推动教师专业发展的研究中，也没有讨论教师是否能够主动地承担起自身专业发展的责任，以及在什么时候、什么地点、什么条件下，教师的自我专业发展更加有效，这对于教师的后续专业发展会有很大的影响。

第二节 教师专业发展内在的研究

一、教师专业发展的认定

这里所说的"认定"，是指笔者自己的观点。"认定"的主要内容有以下两点：一是确定了教师专业发展的概念；二是对教师职业发展的测度，即教师在教师专业发展方面有进步时意味着教师在哪些方面发生了变化。

（一）"教师专业发展"界定列举

在已有的相关研究中，学者们对"教师专业化"这一概念有不同的认识，可归结为三种类型：第一种是指教师职业发展的历程；第二种是指关于提高教师的专业化发展（师资教育）的进程；第三种是指把上述两种含义都考虑在内。

在第一种认识中，有一些特定的表达式，可以归纳如下。

（1）根据霍伊尔的观点，一位教师的专业化发展，就是一位教师在其教学事业的每个阶段中，获得了一种必须具备的知识和技能，从而使其具备了一种优秀的专业能力。

（2）根据佩里的观点，"专业"这个术语本身就具有许多意义，而在人们的运用中，这个术语所体现的意义也各不相同。从其中立的角度来看，教师的专业发展指的是教师在自身的职业生涯中的成长，具体表现为增强自信，提高技能，持续对所任教学科的知识进行更新、扩大和加深，并增强自己在课堂上为什么会这么做的意识。从最正面的角度看，教师的专业发展是一种超越了技术范畴的艺术行为；做一名将工作晋升为一种职业；一个人，可以将自己的专业知识变成自己的权威。

（3）富兰和哈格里夫斯认为，他们所采用的"教师专业发展"一词，不仅是指在职的师资教育和师资训练中所取得的某一领域的发展，而且是指对目标的认识、教学技巧和与同行协作技巧的提高。

（4）利伯曼在与以往"在职教育""教师培训"相比较的基础上，提出了如下关于"教师专业化"的解释：

"教师专业发展"是一种以"成人"为主体，以"不断探索"为核心的教学活动。在教师专业发展的理念中，教师被视为一个"反思实践者"，它是一个拥有潜默性知识基础的人，一个可以不断地对自己的价值和与他人的和谐实践关系进行反思和重新评估的人。以往的师资训练或进修是指为每位老师开设的一个工作室，并且认为只要老师具备了有关主题的知识及怎样表现的知识，就可以把它们应用到课堂上。而教师的专业化发展则体现了一个更广阔的视野，这既是师生共同努力提高教学质量的方法，也是师生共同努力的结果。

（5）根据格拉特霍恩的观点，教师发展是指通过不断积累的经历和不断检讨自己的教学体系所形成的一种职业发展。

（6）根据罗清水的观点，老师的专业发展，就是老师为了提升自己的职业水平和职业绩效，在自己的快速选择下，所做的各种行动和学习过程，目的是推动老师的职业发展，改善教育的成效，增加学生的学习成效。

第二种认识可以归纳如下。

（1）利特尔提出了关于教师职业成长的两条不同的道路，这也从某种意义上折射出"教师专业化"这一概念的正反两面。其中，教师对课堂复杂度的掌控的研究重点集中在具体的教学方法或课程改革的执行上，也探讨了教师是怎样学习教学的、怎样达到知识和职业成熟的、怎样在很长一段时间内维持自己的工作状态的。还有对组织和专业环境的调查，这对教师的积极性和学习机会产生了影响。

（2）斯帕克斯与赫什表明，可以将"职业发展""教师培训""在职教育"

这三个词互相替换。罗清水亦认为，教师的职业发展，通常会与教师的职业发展、教师的发展、教师的训练等因素结合在一起。

第三种认识可归纳为以下五个方面。

（1）帮助老师提高教学技能培训水平。

（2）全校教育改革，以最大限度地提升个体的发展；创造一个好的氛围，以提升学习成效。

（3）这是一种成人的教育，使老师更好地理解自己的工作。

（4）这是一项运用有关教学效果的最新调查，从而改善学校教育的方法。

（5）教师职业发展的目标，在于帮助老师在一个受人尊重、支持和正面的氛围中，实现自己的职业发展。

（二）教师专业发展的基本含义

从上述各种不同的解释中，可以得出"教师专业发展"一词的含义如下。

（1）对教师职业发展的认识主要有两个方面：一方面是对教师职业发展的认识；另一方面是推动教师职业发展（师资培训）的进程。

（2）教师的职业发展是一个多方面的发展、多层次发展进程；教师的专业成长是一项重要的教学活动，也是一项复杂的教学活动。这两种认识的差异，以及与之对应的各种侧面和层面的二次认识，共同构成了"丰富多彩"的"教师专业化"的解释。

教师的专业发展是一个不断更新、演化和充实的内部职业结构的过程。根据教师的专业结构，可以从观念、知识、能力、专业态度与动机、自我专业发展需求的认识等方面进行专业发展；教师的职业发展可以按照其自身的结构和发展的层次来划分。

在我国，对教师的职业发展水平和水平的界定还没有统一的标准，各个学者都有自己的衡量标准。对教师专业化发展的评价，可以从"程度"与"内容"两个维度进行。在发展"内容"完全一致的情况下，可以根据发展"程度"的差异来判断其发展水平的高低。然而，一些学者却将"内容"和"程度"这两个标准混为一谈，用"内容"自身的发展来判断其发展的水平。在评价教师职业发展水平时，应当采取"内容"和"程度"并重的评价方法。

在利特尔看来，教师的专业成长也可以看作是一种职业发展的历程。从这个广义的层面上，可以看到，在课堂上、在教研室里、在事业中，教师既是班级中的一分子，又是同事中的一分子，也是职业群体中的一分子，这一概念为教师的职业发展提供了一个评价的标准。首先，通过老师在教学过程中所展示的知识、技能和判断能力的提升，可以对老师的职业成长进行评估；其次，也可以从他们对职业群体的贡献程度来评价他们的职业成长；第三，教师的职业发展也可以从个体生命的角度来评价。

（三）与几个相关概念的区分

在英语文学作品中，关于教师专业发展（教师专业发展）的概念很多，不同时期、不同学者对此有不同的解读，使其相互间的联系更加错综复杂，给人一种"剪不断理还乱"的感觉。与之有关的概念包括专业成长、职业成熟、教师培训、在职教育等。就教师专业发展和教师专业成长而言，这两个概念是同义词，只不过一个是着重于发展的过程，另一个则是着重于发展的结果。根据格拉特霍恩的理论，通往教师职业成长的道路其实是一条持续的血缘关系，很多有关教师职业成长的概念都指向了这条血缘关系中的一些道路。在这个谱系的末端，可以把这个过程称作"职业成熟期"。而另一方面，则是一种有组织的职业生涯教育，即"师资培训"。例如，关于教师的训练，根据训练的内容可以分为两个部分，即"在职训练"和"在职训练"，这两个部分都曾经被称作"教师专业化训练"。教师的专业成长过程，不管以上任何一种方式，都会对教师的专业发展产生不同的影响，而更应该关注的是，在各种方式的共同作用下，教师内部专业结构的更新、演化和丰富。

二、教师的专业结构简析

在研究教师的职业发展过程时，确定研究对象后，再研究教师职业结构的问题。虽然从动态发展的视角来看，不同时期的教师职业结构表现出不同的"横向剖面"，但是为了解释其职业发展的历程，仍然需要以此为基础进行研究。

关于教师职业构成的探讨，多从"专业特质"和"教师素质"两个角度展开。20 世纪 70 年代之前，有些社会学者试图通过构建一系列"专业特质"来将某一特定领域从其他领域中区别出来。这样的研究是从一般性和专业性的角度来展开的，适合于专业人才的团体和个人专业人才的结构分析。例如，曾荣光在此项研究中，就将职业所需的"核心特征"概括为"专业知识"与"服务理想"。国内外学者对"教师素质"的结构进行了大量的分析和研究，例如，马超山和张桂春分别从"动机系统（思想道德）""知识系统"和"能力系统"三个层面建立了"教师素质"的结构模式。尽管这些研究都是以教师个人为对象，但是，它们都是从对教师的质量要求或者是一个优秀的教师应该具有的能力的角度来进行的，很少有从一个专业人士的视角来分析教师的内部职业结构。

（一）教育信仰

"教师"的教育信仰就是"教师自己选择并认同并深信不疑的一种教育信仰"。通常情况下，教师都会有一套属于自己的信仰系统，这套信仰系统可以从自身的教学实践中逐步积累起来，或者从外部直接接收而来，也可以是一套经过思考和充满理想主义色彩的教育思想，它们之间唯一的区别就是依据不同。因此，这套信仰系统可以被看作是由经验式、无意识的靠拢教育信念，向以知识、系统理论为基础的教育信念持续演变，以至有意识地构建清晰的、理想的教育理念，并随着时间的推移而进行更新，这是教师逐步走向职业成熟的关键。从所看到的研究来看，西方学者更注重以知识为基础的教育理念层面的教育信念，而国内学者则更注重以理性、理想为基础的教育理念层面的教育信念。从西方学者的角度来看，对教师教育观念的研究经历了从对教师素质和教师行为的研究转向对教师认识的研究。20 世纪 70 年代初期，该领域的研究重心集中于将其视为联系教师思想和行为的桥梁的教师教育决策。

但很快，研究人员就发现，"教育决策"这个词对老师来说是一个非常狭隘的概念，它并不能完全反应老师的思想。在很多时候，在学生的认识活动中，老师的思考能力还不够强、不够成熟。

格罗斯曼、威尔逊、舒尔曼等更早地对教育信仰进行了研究，并产生了广泛的影响，他们也将教师信仰与教师学科知识联系在一起，从这一点可以看出，西方人更重视老师信仰的知识性。国内学者在谈论教师的教育信念时，多使用教育理念，并认为"教育理念是指教师基于对教育工作本质理解而形成的关于教育的观念和理性信念"。

从宏观的视角来看，教师的教育信念包括了教育观、学生观和教育活动观；从微观的视角来看，主要包括关于学习者和学习的信念、关于教学的信念、关于学科的信念、关于学会教学的信念和关于自我和教学作用的信念等。教师的教育观念，不但影响着他们的教学行为，还极大地影响着他们自身的学习与成长。当教师尝试学习，尝试接受新的教育理念时，现实中的信仰就会变成一个筛选新理念的筛子，从而对新理念的学习和教师的成长造成负面的影响。

教师的教育信念是教师对教育、学生及学习等的基本看法，是分析教师专业发展的一个维度后，在一段时间内相对稳定。在教师职业结构中，教育信念居于更高的层面，对其他层面起着主导作用。因此，从更深层的角度来看，对教师教育观念体系的转变是对教师职业发展的一种深化。

（二）知识

对于某一学科的特点，许多学者都有不同的看法，但可以归纳为三个方面：一是要有一系列的专业理论，二是要有特殊的社会服务，三是要有很高的职业独立性。因此，在职业生涯中获取职业生涯的理论知识是职业生涯发展的另一个重要维度。格里芬也在其《初任教师知识基础》的结尾，以"结论：由知识所驱动的学校"作为题目，强调了在学校中老师的知识对其职业生涯的重要性。

在国外，对教师的研究很早就开始了，但是，对于专业的教师应当从什么角度来建构自己的知识结构，目前还没有达成共识。在课堂上，教师所运用的知识是多种多样的，但是，关于教师的知识构成的研究还不多。这一点与对教师知识的研究有着密切的关系，虽然很久以来，教师知识一直都是很多老师和教育研究者所关注的一个话题，但是，直到 20 世纪 80 年代早期，关于这个话题的研究才得到了快速的发展；另一方面，也说明了这个问题的复杂性。在对教师知识进行研究时，因为不同研究者对其本质的认识、研究的侧重点等的差异，导致了各种知识的"类别"化，因此，关于教师知识究竟有哪些类别，各种知识之间又存在怎样的关系，以及怎样构建一种知识的分类体系，已经成为一个值得关注的问题。

以往对教师知识的研究，特别是 20 世纪六七十年代，大多采用"过程 – 成果"的研究模式，对教师知识的结构和维度关注较少。舒尔曼指出，过去的研究忽略了对教师的认知，使得教师的专业知识成为"失落的范式"。之后，他与同僚进一步扩展，将普通教学法的知识、学习者的知识、情境知识（教学目标）及其他科目知识都纳入其中。

一些学者通过对"专业型"教师和"初学者"教师进行对比，找出"专业型"教师的知识特点和构成。伯利纳认为，一个专业老师的知识构成可以分为三个部分，即有关专业知识的专业知识，将专业知识转变成适当的教学行为的专业知识，以及有关课堂的经营与组织的专业知识。

另一些学者则从其他方面对教师知识进行了探讨。考尔德黑德、米勒等人都指出，对于一个职业教师而言，真正重要的是他们所掌握的知识形式。而这样的知识的生成，必须经过一个从普通的专业知识到适合于教学的专业知识的转换，老师将已经掌握的专业知识和教室实际的专业知识相融合，从而获得一种"与行为有关的专业知识"。埃尔巴兹、康奈利、克兰迪宁、布洛、古德森等学者从"情境化""实践性"和"个性化"三个方面，提出了教师知识的新维度——教师个体实践知识。学者们对于"教师个体实践知识"的认识不尽一致，也存在着较大的差异。"教师个体实践知识"既有"原理""规律"，又有丰富的"个人特征"，这是对他人知识的直接接收，也是对个体发展和积累的过程，更是一种对教师过去的经验、目前的行为和未来的可能表现的体现。知识并不是一种冷冰冰的、纯粹的、客观的认识，而是一种充满了价值、情感和美感的知识。老师不但要吸取别人总结的、已得到证实的知识，还要具备"实际的智慧"。

（三）能力

在教师职业结构中，教师的能力和教师的知识一样，都是不可或缺的一部分。对于教师的专业工作而言，究竟是哪种能力更重要，人们却众说纷纭。从各学者列出的技能条目来看，最少的只有 2～3 个，最多的有 13 个。

教师的专业化能力可以被划分为两层：一层是与教师的教学工作有直接关系的专业化能力，例如，语言表达能力、组织能力、学科教学能力等；另一层是教育研究的水平，它有助于提高教师对教学活动的理解。

（四）专业态度和动机

教师的专业态度和动机与教师的职业理想、对教师专业的热爱（态度）、工作积极性是否能够保持（专业动机），以及一定的专业动机是否能够持续（职业满意度）等问题有关。

有调查显示，在不同的教育阶段和教育背景下，教师的职业动机与职业承诺会发生不同程度的改变。一个人对自己的工作有着强烈的热情，但这并不代表他会一直保持着那种职业热情。研究发现，教师，特别是初任教师的专业动机，很容易受到其实际的专业活动自主程度、学校对教师的专业支持和帮助、与学校领导或同事的教育信念的兼容程度等方面的影响，在这些方面的一些因素的共同作用下，教师有可能会选择离开教师工作岗位。鉴于很多老师在进入工作岗位后，常常会"错选"了自己的专业，马索与皮吉称教师培训为"高冒险与高投入"的工作。陈云英和孙绍邦对北京、天津、大连和山东 4 个省、市的 204 位老师进行了问卷调查，结果显示：不同的职业选择动机，例如父母是老师，是否受到老师的影响，自我理念，顺其自然，其他因素等，对教师的职业满意度存在着显著性的影响。以上所说的教师职业理想、专业态度、动机和职业满意度，都是对教师去留有重要影响的一系列因素，但是，在这些因素当中，专业态度和动机是最重要的两个要素，其他要素通常都要经过这两个要素才能对教师的专业发展产生影响。

第三节 "自我更新"取向教师专业发展的基本特征

一、教师专业发展阶段划分新标准的探寻

尽管 20 世纪初期就有对教师职业发展阶段的研究，但是由于社会环境、教育制度的变迁等原因，对此问题的讨论现在仍在进行。20 世纪 50 年代中期，富勒（Fuller）偶然发现，在师范教育的"前"阶段，其"关心"的内涵呈现出显著的"阶段性"特征。根据研究对象的不同，对教师专业发展的研究主要分为"生涯/生活周期""心理发展""教师社会化""关注""整合"五个方面。

（一）职业/生命周期标准及其框架

"生涯/生命周期"是将人的生命自然性地呈现为一个衰老的过程和循环。虽然这种研究不能完全单纯地将生命的自然生长周期作为对教师职业发展的一个解释，但是，教师职业生涯的划分是以生命的变迁为依据的，所以，可以在人的生命周期的范围内来描绘出教师职业的成长过程。

20 世纪 60 年代，关于老师事业发展的研究还很少，但 70 年代之后，关于老师事业发展在美国、英国、荷兰、澳大利亚、法国、加拿大都有大量的研究。纽曼、伯登、阿普尔盖特等人更早地把"生命周期"和"职业过程"相联系，探索了这两个不同的过程。他们通过对老师的访问，把教师的职业生涯划分为三个时期。第一个时期是 20～40 岁，这个时期的教师需要明确自己所处的职业地位，同时，他们的职业理想也会有较大的改变。第二个时期为 40～55 岁，这一时期的教师具有较强的执教积极性和较高的工作积极性。第三个时期是在 55 岁之后，当老师们认识到自己将要脱离教职，离开自

己的学生时，他们的工作积极性就会降低。在此基础上，以这种"静止"的叙述方式进行的研究也很多，例如，克鲁普通过对教师的采访，将其按年龄划分为七个时期，等等。

费斯勒将教师的职业周期同时置于个人和组织的两种情境中进行研究，而教师真实的职业周期是教师作为发展中的人，与这两个情境的影响因素交互作用的产物，他所构建的教师职业周期模型是一种动态的、灵活的发展模型，而不是静态的、线性的发展模型。

在这一理论的指导下，费斯勒将一名教师的生涯划分为八个时期。第一个时期为"职前时期"，即为"职业生涯"中的"预备时期"，是"职业生涯中"所扮演的特殊角色。一般指在师范院校或高校开展初级教育的初期，也有对新岗位进行的"再训练"。第二个时期是初级时期，也就是老师们的第一年，他们使自己的教育体系走向社会，并且学习如何处理日常的教学事务。新入职的老师要努力获得学生和同事的认同，并能很好地解决生活中的各种问题。第三个时期为发展时期，在这个时期，老师不断地寻求新的材料、新的方法、新的策略，以不断地提升自己的教学技巧和水平。这个时期的老师，有较强的培养能力，容易接受新思想，常参与各类交流活动，参与师资培训。第四个时期叫"热情与成熟期"，这一时期的老师，即便在职业上有了很高的成就，也会继续追求。这个时期的老师，喜欢自己的工作，渴望每天都能按时到达学校，并在自己的课堂上进行创新，提高和充实自己的课堂教学。在这个时期，热情与工作满足感是最重要的。第五个时期为生涯受挫时期，其主要特点为在教学中遭遇挫折、对教师的生涯满意程度降低。教师的挫败感主要出现在中段。第六个时期为"稳固期"，这个时期的老师，除了自己的本职工作，什么也不愿意干，工作还可以，但是已经不求出类拔萃，只求能达到老师应有的水平。第七个时期为"事业失力期"，它表现出的是"老师离职之前"的一种心理状态。对于一些老师而言，这段时间会比较愉快，因为他们曾经取得了很好的教育成果，并且会给他们留下很好的记忆；对于其他一些老师而言，这段时间也会是一段痛苦的时光，他们要么是被逼的，要么就是急不可耐的。第八个时期为"职业退行期"，即从教育工作中脱离出来后，进入了"职业退行期"。或许是年纪大了，想要退休，或许是想要辞职，或许是想要找一份更好的工作。

（二）心理发展标准及其框架

心理发展的相关理论以皮亚杰的"认知发展论"，亨特的"概念发展论"，佩里的"认知与道德发展论"，柯尔伯格的"道德判断"，洛文杰的"自我发展"等理论为依据，对教师心理发展进行了深入的研究。一个人的发展是一个人的心理结构发生了变化，人的内在心理过程会随其年龄、发展阶段而发生变化，这个变化的过程也会呈现出一定的次序和等级。

利思伍德总结了"自我发展""道德发展"和"观念发展"三种不同的发展阶段，对"自我发展""道德发展"和"观念发展"进行了全面的概括。他将教师成长划分为四个时期。第一个时期的老师，他们的世界观是很单纯的，他们对于一切事情的评判都是黑白的。这个时期的老师，坚守自己的原则，以权威为至高无上的标准，对问题的回答，只有一个。他们反对"新"的思考方式，提倡"从众""机械式"的学习方式。在他们的教室里，老师占主导地位。第二个时期的老师以"墨守成规"为主，对别人的期望尤其容易接受。他们的课堂具有传统教室的特点，教室里的规矩很清楚，不管同学们是不是有差别，也不管同学们是不是有什么特别的地方，都要一丝不苟地遵守。第三个时期的老师具有强烈的自觉性，并能认识到在一定情况下存在的各种可能（例如，对学生的一项行为有多种解释）。老师们已把这些规定融入自己的内心，并能根据实际情况，认识到必须有弹性地把握这些规定。这一时期的老师非常重视学生的前途与成就，对每个课程都有很好的规划，尤其重视人际交往。第四个时期的老师在教学过程中表现出更强的自我意识，并在班级等社交场合中重视人际间的依存关系。在这一阶段的教师，可以较好地协调提高绩效和建立良好的人际关系，可以从多角度对所遇到的课堂情境进行分析并加以综合。因为这个时期的老师对课程规定的基本原则有了一定的了解，因此，在运用这些原则时，他们表现出了较强的灵活性和机智。在他们的教学中，老师与学生紧密配合，注重有意义的学习、创造性和灵活性。此时，老师自己的认知处理复杂度就会增加，因此也会鼓励学生做出对应的行为。

大量的研究已经证明，教师的心理发展水平和他们的专业绩效之间确实有一定的关系，由于他们心理发展水平的不同，他们的专业绩效也会有很大的差别，并且，只要有意识地提升他们的心理发展水平，他们的专业绩效就会得到改善。例如，格拉斯伯格等学者提出了"新型教师教育方案"，通过跟踪调查，证实了"新型教师教育方案"确实可以促进教师心理成熟，从而提升他们的教学效果。关于教师有效性的调查结果显示，认知发展程度高的老师在课堂上的工作效率比低的老师要高；他们的行为更具灵活性；能忍受较高的压力，具有较好的适应能力；能以多元的观点看待问题，运用多元的教育策略。

新教师在对待班级问题的态度等方面存在着一定的差别。认识程度较低的老师，无法有效地调动学生的学习积极性，认为班级里的学生纪律问题应该归咎于学校。而高认知水平的老师则注重对学生的尊重，他们主张对学生应该采取一种灵活、宽容的方式，要充分认识到每一个学生的个体差异，并重视他们的学习和个性的发展。通过对新进教师的自述可以发现，新进教师对教学活动的看法，在很大程度上取决于其认知水平。

心理发展框架从心理学的视角探索了教师专业发展与心理发展基础的关系，相对于职业/生命周期框架，它在很大程度上脱离了教师专业发展水平与其生理年龄的对应关系，并开始对心理发展阶段和水平与教师专业发展的关系进行研究。在此基础上，在心理发展程度相近的情况下，不同年龄段的教师仍然有可能获得同样的职业发展。

（三）教师社会化标准及其框架

"教师社会化"的研究视角，从教师这个"社会人"的视角，对"职业"的转变进行了研究，它以"个人需求""能力"和"意愿"与"学校制度"的互动为中心，是"教师"自身所产生的诸种亚社会化现象。具体而言，"教师专业社会化"指的是"个人变成了教学专业的一员，并逐渐在教学中承担起了一个成熟的角色，一般情况下是一个取得更高职业地位的转变过程"，很明显，这一转变的特点与教学专业的性质和结构密切相关。从时间上来讲，教师专业社会化是一个持续到教师整个职业生涯的过程；从内容上来讲，它是一个"人们有选择地获得他们隶属于这个集团或想加入这个集团的流行价值观、观点、兴趣、技巧和知识的过程"。

莱西将实习生的职业生涯划分为四个时期。第一个时期是"蜜月"时期，这个时期，实习生在感受到了当老师的快乐的同时，也从沉重的课业负担中解脱了出来，从而对从教充满了兴趣。第二个时期是搜寻教材与教法，让受训老师借由搜寻相关教材与教法，以应对上课时所遇到的题目。第三个时期为"危机"时期，在这个时期，学生的提问数量不断增加，给新老师带来了很大的压力，单凭学生的提问已使教师很难解决，那么学生的提问将成为"危机"。尽管"危机"对于每个实习人员的影响是不一样的，但是很多老师在这个时期都会考虑放弃教书。第四个时期是"试着应对"时期，在这个时期，一些老师对于必须做出的让步和变化已经没有了负罪感，他们可以平静地以一个老师的身份出现在教室里，而那些做不到这一点的老师就要离开学校了。王秋绒将教师的专业发展分为三个阶段，即师范生、实习教师、合格教师，并将每个阶段划再分为三个阶段。师范生专业社会化的第一个阶段是探索适应期，这一阶段主要是一年级师范生的专业社会化。因为他们刚进入师范院校，所以他们处于观望、探索和适应的阶段，社会化的重点是增进人际关系，让自己融入师范院校的环境中去。第二个阶段是一个平稳的成长阶段，主要局限在高一和高二，这个阶段的高二和高三的学生与同学和老师之间的社会关系有了比较稳固的发展，并有了相应的社会地位。在社会化方面，主要表现在对教育专业知识的掌握，以及对人际、组织等方面的了解。第三阶段为成熟期，即四年级学生的职业社会化阶段，这一阶段主要集中在把所掌握的教育知识运用到实际教育中去。

优秀教师的专业化发展也经历了三个阶段。第一个阶段是初创期，从入职至任职二、三年。这个阶段的教师，在实习期间，可通过解决问题来提高自己的能力，并且会对自己的教学工作产生一种成就感。第二个阶段叫"乏味阶段"，在工作了两三年以后差不多习惯了教学工作，工作也就没有什么挑战性，慢慢地就觉得乏味了。第三个阶段是"厌恶期"，经过多年的工作，有些人愿意把自己的毕生精力投入一项事业中，而大部分人则感到了"厌恶"，丧失了工作积极性。

傅道春将老师的生涯成熟期划分为三个阶段，即角色转换、适应和成熟期；殷国芳与全日制将老师的成长过程分为三个阶段：适应、稳定和创新；张向东则将中学老师的成长分为五个阶段：角色适应、积极发展、最佳创作、缓慢下降、晚期下降。

虽然对教师专业发展的阶段性研究存在着很多的交集，但是这些交集并不能取代对教师专业发展的阶段性研究。与个人的一般社会化相似，教师在社会化的过程，也就是社会性互动的过程中，可以实现两种功能。一种是社会化的功能，即个人对自己的行为进行调整，以适应教师专业的价值、规范。另一种是个体化的作用，使人了解自己的职业人格特征，对自己职业发展有自觉。但是，关于教师职业社会化的研究，通常更关注其社会化和对个体的作用，而将对个体的作用看作是其"副产品"。与之相比，对教师专业发展的研究更多地侧重于教师是怎样形成自己独特的专业特质，并将其纳入自身的发展意识中，作为一个整体来考虑。此外，在对职业社会化的研究中，对职业社会化的关注更多地集中在结果上。

（四）"关注"研究标准及其框架

20 世纪 60 年代末，富勒提出了"关注"这一概念，并对其进行了较多的研究。为使师范教育更为理性，富勒和得克萨斯大学的同事们一起研究了关于老师们所关心的问题。富勒于 1969 发表了自己的两篇论文，并综合其他学者的论文，提出了一个"三个阶段"的教师关注模型。随后，富勒通过大量的访谈、文献回顾及对"教师关切"表的提炼，形成了"教师关切"调查表。富勒等在此基础上，通过对问卷的深入研究，对三个阶段的研究结果进行了修正，并提出了"四个阶段"模型，并对每个阶段的研究结果做了详细的说明。第一个阶段是"入职之前的关心"，在入职之前，学生只是一个虚拟的老师，只关心自己；第二个阶段是早期生存时期，在这一阶段，他们的注意力集中在自身的竞争优势、怎样做一名合格的老师、课堂的掌控力、学生是否喜欢他们、别人对他们的教法的评估等上；第三个阶段为"教学情景"，这一阶段的教师，重点是在现有的"情景"条件下，顺利地进行教学工作，更好地掌握相关的教学技巧；第四个阶段是"关心"时期，这一阶段，老师们的注意力逐渐集中到了学生身上，学生的学习、社交、情感需求，以及怎样才能对他们的成就和行为产生更大的影响。富勒等认为，从教师的专业发展来看，教师所关心的问题是一种发展程度的指标，那些只关心自己的老师发展水平低，而关心学生的老师则发展水平高。从"自己"到"教学任务"再到"学生"，这就是"教师成长"的序列。

富勒等人随后做了大量的调查，以验证"关心"是怎样随老师执教时间和执教级别的改变而改变的。亚当斯的5年跟踪调查基本与富勒关于"教师的自我注意力"和"任务注意力"的前期研究一致，但亚当斯也指出富勒的"效果注意力"和"学生注意力"并没有明显的区别。

西特尔与拉尼尔关于实习生关心问题的调查显示，其结论与富勒的结论一致，但是和富勒的结论不同，实习生所关心的问题并不是按特定的次序出现的，而是自我关心、生存关心、教学任务关心、学生学习关心、教材关心等都是同步的，并且需要实习生去处理。也就是说，在注意力转移到新的注意力上以前，他们的注意力并没有得到很好的处理。该研究成果将进一步完善富勒的相关理论。

瑞安等采用定性研究的方式，采用访问法，对新一届大学英语教学中存在的一些问题进行了调查。该调查主要围绕四个方面进行。第一，涉及老师对自己的关心。老师们最关心的是怎样形成自己的教职认同、怎样融入新的群体、怎样与人交往，还有教师在从事教育工作的同时，怎样才能过上更好的生活。此外，该调查还发现，即使是4～20年工作经验的教师，在刚入职的一年内，亦会有缺乏信心与灵活的感觉，且对权威具有依赖性。第二，涉及对教师职业的关心。在第一年的教学中，教师在保持班级秩序、管理班级方面，更注重师生之间的关系。除了为生存之外，他们还关心自己能否给父母、同僚留下良好的印象，以及自己的教学成绩。教师从以教材为本向以学生为本转变，有了更多的信心，对自己的教育有了更深层次的理解，对自己的工作也能更好地应对。第三，关于学生在执教的头一年里所体验到的改变，老师在课堂上应付和对待学生的态度发生了一定的改变。而有经验的老师则觉得自己更愿意去尝试新的东西，也更开心。有了更多的经历，他们就有更多的时间去享受自己的快乐。第四，对师资培养的影响。第一年执教的老师们认为，方向导向与初期的师资训练，应该着重于对学校及课堂的组织与管理，而对学校层面的师资训练，则应该以新的课程与政策为重点。因此，必须建立一套教师业绩评价的基础准则，同时也必须有一批对其有所认识的人，给予其支持与协助。有资历的老师则持另一种观点，即第一年执教的老师必须具备专业知识，当他们的经历越来越多，就会慢慢地将注意力转移到教学中的重大问题上，此时他们可以有创造性地进行教学。

（五）综合研究标准及其框架

上述所列举的"生涯/生活周期""心理发展""社会化""关注"等理论架构，提供了一个多方面的视角，使人们对其有了全面的认识。但是，从以上所确定的教师专业发展的结构来考察，无论从哪个角度，都很难给出一个相对清晰和完整的发展轮廓。造成这种情况的主要原因有以下两个。

（1）由于教师是一个完整的整体，因此，单纯从"生涯/生命周期""心理发展""社会化"或"关注"的视角，很难全面地体现出教师的专业发展。第一，就横向发展而言，由于受到具体观察角度的限制，上述分析方法都很难体现出职业发展结构中各要素的变动情况。"关注"视角则尝试更加直接地切入教师在建构专业知识体系时所面临的问题；"生涯/生命周期"视角，通过对个体成长所需要发生的重要事件和问题的解答，来刻画个体成长和转变的历程，需要个体在某一年龄段（阶段）内应对某一特定生活问题。"心理发展"框架着重对人处理抽象关系的思维方式的变化进行了描述，在一定的时期内，人要拥有与之相对应的更有效、更全面的判断和解决问题的能力，更清晰地理解自己生命的方向和意义；而"社会化"框架实际上研究的就是对教师的角色适应和角色冲突的解决。在这些基础上进行的研究，仅限于部分领域，而非所有领域。第二，就垂直发展而言，上述任何一种框架，都可以更好地适用于专业发展的某个时期，但是很难适用于每个时期的分析。

（2）上述 4 种发展阶段的理论，并未直接说明教师的专业成长究竟是一个什么样的过程，因此，在得出上述结论后，对于这一过程的认识仍然如同"雾里看花"。由于现有研究缺乏对教师职业知识体系（特别是实际获取的那一部分）及对教育职业内个体获取职业自主性的过程的深入考察，很多学者对此进行了积极的尝试，以期能够更真实地反映出教师专业发展的复杂过程，并为未来的研究提供一个更为合理的理论框架。

利思伍德在对现有的"分期"理论进行总结与分析后，打破了以往关于"一元化"的研究思路，并从"多维"的视角出发，对"分期"进行全面的研究。

利思伍德指出，教师的专业发展是一种多维的发展，其中，"专业技能发展""心理发展""生涯循环发展"这三个方面，是彼此独立而又互相依存的，三者关系紧密。从整体上看，教师职业技能的发展可分为三个阶段：第一阶段是教师职业技能的获取；第二阶段是可扩展的灵活性，使教师能根据教学目标、学生的具体需求、教学情境，及时、灵活地运用这一教学技巧；第三阶段是逐步脱离了"鹏半"的教规，而对同仁的职业成长负起了责任，其职业活动的范畴更超越了所在班级、学校而参与到了教育政策制定中。教师的这一专业发展过程，当然与教学、教育知识和技术的掌握有关，但这只是必要的而不是充分的。例如，教师的专业发展需要教师持续地学习新的教学策略，而新的教学策略需要教师放弃对课堂的绝对控制，并对学生的独立学习或小组学习给予充分的信心。要想让教师将这些教学策略完全掌握，一个必要的先决条件就是，教师在心理发展方面，要至少达到了一个中度第三阶段的发展水平，即教师主要靠自己的良心来履行自己的职责，同时，还要有较强的自我意识，可以意识到一些情景下存在的多种可能性。老师们应已将相关的规矩融会贯通，并能根据实际情况，有意识地运用这些规矩。例如，在第五、六个阶段中，教师的专业技能发展，取决于教师对多种可能性、人际互动关系的综合处理能力，还取决于教师对个体需求和个体责任之间的冲突的解决能力，以及教师的心理、能力。在此基础上，提出了一种新的、有针对性的、可操作的、可持续发展的教育模式。同样的，教师的专业技能发展与教师的职业周期发展也存在着紧密的相关性，例如，教师职业周期的前三个阶段与教师的专业技能发展的前四个阶段就存在着紧密的相关性，并且，教师的专业技能的提升，也保证了教师能够顺利地完成主动的职业周期。

若说利思伍德在水平上从职业发展、心理发展、专业知识发展三个方面对现有的研究框架进行了突破，贝尔与格里布里特在垂直上从明确的阶段界限上进行了模糊，以更真实地体现出每个教师的真实体验。贝尔与格里布里特都明确地否定了传统的"阶段模型"，并在此基础上，引入了一种"演进模式"。不过，贝尔和格里布里特都将"演进模式"与"阶段模式"相提并论，因此，"演进模式"被称为"阶段模式"的一种发展。贝尔与格里布里特的研究表明，根据分阶段进行的教学，教师的教学进程可能会加快，也可能会落后，但是学生的教学进程是恒定的。但事实上，在许多时候，老师都有可能"跳过"这个过程，以一种突飞猛进的方式发展。从以往对个体教师成长的跟踪调查来看，"阶段"仅仅是一个概念性的构架，并非每个教师成长历程的真实反映。教师职业成长阶段模型的最大缺陷是很难体现出教师职业成长过程中的个体差异。贝尔与格里布里特正是基于这一认识，才提出了一种"演化"的教师职业成长模型。贝尔与格里布里特在表达方式上省略了"阶段"这一概念，将教师职业成长分为三个阶段：肯定与渴望改变、重构、获取。

（六）新标准及其框架："自我专业发展意识"与"自我更新"取向教师专业发展

通过对上述各种不同的教师专业发展阶段的分析，可以得出以下几点结论。

（1）教师的专业发展始终是在一个特定的环境中进行的，如果脱离了教师所处的环境，那么就很难去了解教师的专业发展。从大的时代背景和社会背景，到小的社区环境和学校文化和课堂氛围，这些都是影响教师成长的关键因素。教师的职业成长是通过与其所处的环境进行互动而实现的。

（2）从个体发展的角度来看，在教师的专业成长和个体成长之间，揭示了个体发展对教师发展的影响。对教师的职业发展进行研究，不能离开其职业生涯的特定阶段、其心理发展水平，以及其社会化程度。

（3）教师的专业发展有其自己的中心内容，那就是教师内部的职业结构。因此，关于教师专业发展过程的研究，包括阶段分期、发展路线和发展机制等，都应该以这一核心为中心来进行。而不应该将教师专业发展的阶段进行框架分析，也不应该以教师发展中的其他方面的变化为基础。

但是，上述几种研究模式所使用的阶段划分标准都不够完善。因为，第一，这些标准是外部于教师专业发展自身的，并不是通过改善教师的内部专业结构、提升专业发展水平来直接衡量的，而是通过教师的专业结构之外的标准。这种做法导致的结果经常会出现以下情况：要么将教师专业发展看作是外部划分标准的副产物（例如，把教师专业发展归类为心理发展的结果），要么将对外部标准改变的关键点的描述作为主要内容，而忽视、掩盖甚至替代了对教师专业发展内在专业结构的发展阶段和过程的研究（例如，"生涯/生命周期"框架和"心理发展"框架都有这一趋势）。这些标准仅是从某一特定角度来对教师专业发展过程进行考察，从特定角度来看所得到的结果，很难将教师专业发展的整体情况反映出来。第二，这一"整合"的研究方法，并未从本质上改变原有的"分级"标准，而是简单地在水平和垂直方向上进行叠加和处理，未能真正体现出教师专业成长的现实。第三，大部分的国外研究更关注的是对职业转变的关键点的研究，而对于在教师职业的时间范围内，教师的专业知识是怎样发展的，则没有太多的关注。在这几个国家里，老师的工作并不是一个"铁饭碗"，如果工作做得不好，就会有被辞退的风险，因此他们缺乏专业上的保障。离职、留职已经成为他们热衷的研究课题，他们人的一生中有可能会更换几个职业，而教师职业也许只是他们所经历的职业中的一种，因此其对研究的重点也集中在对职业发展阶段的关键点的判断上。然而，对于改善教师内部的职业架构，以及提升其职业认知能力，却缺乏足够的重视。

教师的心理、社会和专业发展等各个方面的发展之间存在着相互影响的关系，教师与其所处的各种环境也存在着内在的关联，这就导致了教师的专业发展路径和阶段呈现出了动态的、多样化的趋势。要想将这个特点体现出来，对教师的专业发展过程进行研究和分析，就一定要将教师的心理发展、社会化水平及其所处的环境等多个因素结合起来，而可以体现出这一综合视角的就是教师的专业活动及自身的专业发展意识。但也正是在此方面，现有的各种关于教师专业化发展的分析框架都未触及。本节尝试将教师自身专业发展的自觉程度，作为一个全面的评价指标，来描述和推动教师专业发展的进程。教师自身专业发展知觉对其职业发展起着关键作用，其职业发展知觉强烈，对自身职业发展负责任，倾向于成为"自我更新"职业发展的践行者。

"自我更新"取向教师专业发展，即教师要有强烈的自我专业发展的意识与动机，主动承担起专业发展的主体职责，激发自身的自我更新，通过对自身专业结构的剖析，制订专业发展的规划与计划、执行专业发展计划及调整专业发展的导向来达到专业发展与自我更新的目标。

"自我更新"取向教师专业化发展，至少有两层含义。首先，这是一个以自身职业成长觉悟作为衡量教师职业成长历程的分析和研究框架；它以自身专业化发展的自觉为主线，以教师自身专业化发展的规律为研究重点。其次，将"自我更新"取向教师专业成长视为一种对自身专业成长自觉的实践活动。"自我更新"型教师对自己的职业发展有着强烈的认识，他们会时刻关注自己的职业发展，并根据自己的职业发展状况、职业发展轨道和当前的现实情况，制订未来的职业发展计划，并付诸实践。在执行中，教师要不断地关注自身的发展，主动地利用、发现、创造机遇和条件，为计划的完成而奋斗。"自我更新"型教师专业成长也可以成为一种全新的教育方向与教育观念。相对于过去的师范生而言，这种倾向更注重教师自身的职业发展，并会主动挖掘职业生命中的有益因子，更新自身的职业结构。

二、"自我更新"取向教师专业发展立足点

"自我更新"取向教师专业发展，与过去相比，其立足点、立场均有所改变，在职业发展的核心——职业发展阶段的划分标准、研究架构等方面也有所改变。

（一）发挥教师专业发展理论对教师自身发展的价值

教师专业发展理论为教师专业发展和教师教育提供了理论基础，同时也为教师自己的专业发展提供了启示。对自身专业发展有较强认识的教师，则会更加重视自身专业发展，重视专业发展阶段理论，并将其用于指导自身专业发展。"自我更新"取向教师职业发展，旨在提醒教师要重视其职业发展的阶段性理论，并充分发挥其对职业发展的影响。下面主要从以下几个方面对教师的职业发展进行探讨。

（1）没有什么比教师专业发展阶段理论更有价值的了，它可以帮助教师更好地理解自己的职业发展阶段。所谓自省的认识，就是一个人的学习的过程。对于个人而言，他的学习能力被他的学习观念及认知所局限（例如，他对他所能学习的内容的范围和性质的认知）。有些人会觉得有些知识是专业人士才能懂的，而自己也只懂一些引论方面的知识；有些人觉得自己只有在他人（如老师等）故意设置的环境下，才能学习到一些知识。因此，学生的学习成效，在某种程度上是和学生自己的学习过程有关系的。作为学生，教师对于自己学习的过程是否理解，将直接关系到自己的学习与职业发展的成效。而那些有强烈职业发展自觉性的教师，则会主动地进行职业发展自觉性的研究，从而提高职业发展自觉性。

（2）在对职业生涯规划有一定的认识后，对职业生涯进行规划。对教师职业发展阶段的认识，是对教师职业发展阶段的一个参照。即使是师范学院的师范生，在获得了关于教师专业发展的相关信息后，即可做出自己的职业选择。若选择成为一位老师，则会加强对职业的认同感；假如不想当老师，也能降低老师的离职率。

（3）通过对教师成长过程的描写，可以培养出一种群体感，从而消除孤

独感。例如，一个新上任的老师，也许会觉得自己是唯一一个有问题的人。如果他知道这是老师在第一年执教时经常会出现的问题，他就会变得轻松很多，然后开始进一步发展和提高自己的教学技巧，解决自己所面临的问题。

（4）具备对教师职业发展阶段的认识，可以使教师对自身职业发展的改变有所预期。菲尔德曾经说过，通过这个职业成长过程，老师们可以确定自己的职业发展方向。格雷戈克在此基础上，提出了教师专业成长的阶段，并将其作为教师专业成长的目的。对初任教师而言，在对其专业发展的具体情况有了清晰的认识之后，就会对其职业发展的进程及教学工作的各个方面持更加务实的态度，减少其所面临的不平衡。

最终，"教师专业发展的阶段"这一理念，不但让老师了解到自己当前的发展程度，自己应该如何去做，还让老师了解到自己未来应该如何去做。

（二）由断续的教师教育转向持续的教师专业发展

"自我更新"取向教师专业化发展模型的出现，是对教师专业发展的再一次认识。影响教师专业发展的因素的范围很广，有正式的，也有非正式的，从时间上来说，可以追溯到中小学时期的学习经验。在刚刚进入师范学校的时候，师范生的大脑并不是一片空白，他们已经对教学、学习、教师和学生等产生了自己的看法。因此，在传统的"知识传授+实习+个人综合运用知识"的教师教育模式中，蕴含的学习到知识等于专业发展的思想，使个人可以在初任教师阶段，自行将所学的知识恰当地应用到课堂教学中。但从教师工作的本质上讲，传统的师范教育也有其自身的缺陷。学校中的教师工作具有短暂性、不确定性等特征，对其认知、情感、能力等方面提出了很多、很高的要求。而这些要求，很难一一列出，更难在师范教育的课程中体现。在经过了初级阶段的师范教育之后，教师的职业发展程度与其所需要的程度还存在着一定的差距。因此，在教师职业生涯的进程中，持续地维持着职业发展就变得非常有必要。

（三）把教师看作成人学习者

为了促进教师的专业化发展，应满足其自身的需求的特征。诺尔斯的理论认为，成年人的学习是建立在下列原则之上的。①成年人觉得有必要、有兴趣的时候，他们的学习动力就会被激活；因此，这种需求与兴趣是进行成人教育的最佳起点。②成年人的学习取向以"生命"为核心。因此，在成人教学中，应该把生活情景作为教学的基本单元。③在成年人中，经历是一种很有价值的学习资源。所以，在成人教学中，最重要的就是实证研究。④成年人有很强的自主学习需求。因此，成人教育工作者的角色应该是让老师也加入探索的活动中，而不是把知识传授给学生，再对学生的应用进行评估。⑤在成年人中，个体的差别随着年龄的增长而扩大。因此，要根据学习者的学习方式、时间、地点和速度等的不同，进行最适合的教学。

当然，对于诺尔斯所说的"成年人的学习动机""自我导向的学习需求"等，不同的老师之间也有很大的不同，不能一概而论。但是，总的来说，以上列出的一些原则，基本上都是符合实际的。如果将这些与传统的教师教育实践进行比较，就会发现，这些原则在传统的教师教育中几乎都没有考虑到。尤其是忽略了教师个人经验对其专业成长的影响，而现有的研究表明，在教师一厢情愿的自我成长中，教师过去的经验、观念和知识起到了很大的影响。

例如，威迪恩在总结"学会教学"的过程时就曾指出，以往对于高师学生的固有观念被忽略，在高校里传授他们关于教学的知识，通过高师教育把教学的真谛和智慧传授到高师学生身上，然后高师学生就能够自觉、高效地把自己所学的东西与实际的工作相融合；但高师教育在高师学生的实习中，却要求他们"按照我说的去做，但不能按照我做的去做"。将"学习"看成获得教育的一个过程，在现实中是一种一厢情愿的看法。从有效推动教师的专业发展的规划来看，首要步骤就是要让初任教师对自己过去的教育信念进行检查。然后，初任教师在良好的教育实践理念的指引下，努力地扮演好一个合格的教师角色。当然，这也离不开外部制度的长期支持。"自我更新"取向教师的专业成长路径，主要依赖于教师本身，且其自身的专业成长需求较其他主体更为直接；基于该需求开展的专业成长行为，也更适合教师本身。

三、"自我更新"取向教师专业发展的基本特征

寻找教师专业发展阶段的内在划分标准，不仅是为了便于进行阶段划分，从某种程度上来说，也是对教师专业发展根本性质的探索。在对其进行研究时，人们对其本质的理解也存在着分歧。把自身的职业发展自觉看作是对职业发展的一种评价，也是对职业发展本质属性的一种理解。相对于传统的师资培养方式和其他师资培养方式，"自我更新"式的师资培养方式有其自身的特色。

（一）将自己的专业发展过程作为反思的对象

"自我更新"取向教师专业成长，正是基于对教师专业成长的普遍途径的理解而产生的。这就需要教师在专业发展的过程中，参照教师专业发展的一般路径，对自己的专业发展过程展开批判性的反思，并以此为基础，做出进一步的专业发展行动。但是，在传统的教师教育模式中，并没有对教师进行监督，而是认为，只有别人才最清楚，其实，这个假设很难成立。当然，教师的需求更多地体现在对自身价值的认知与发展上，而不是一切需求都是理性的。在教师自身职业发展的认识不足和对职业发展的阶段性认识不足的前提下，及时从外部寻求援助也是十分必要的。

在一些情形下，"反思"存在于自发性和常规性两条道路中，其表现形式可以分为两类：一类是强调反思的领域局限于基本的职业发展周期，以职业活动为主体；另一类是对教师专业成长的外部反映和监督。尽管教师对其职业操守和过往的教育经验做出反省，但是反省过后，教师行动还是会被别人的决定所左右，而别人很少考虑教师的个人需求。也可以说，在这样的情形下，他仅仅是在思考，而不是为什么思考。"反思"虽然也存在，但都是以整体为基础的，并没有考虑个体的特殊性。

（二）强调教师不仅是专业发展的对象，更是自身专业发展的主人

"自我更新"取向教师专业发展将教师视为自己的主体，并对自己的职业发展承担责任，主要从以下三点来介绍。

（1）教师对自身的职业发展具有自主权，是"自我更新"取向教师的个性特点所反映出来的教师的专业化发展。很多学者都把"自主性"作为职业教育的一个重要特点。就教育学专业而言，其最重要的特点之一就是教师的专业独立性。通常情况下，人们将教师的专业自主分成了两种类型，一种是个人自主，另一种是集体自主。将教师个人的专业自主理解为，在教师根据自己的专业知识，在从事与教学相关的工作时，可以自由地做决定，不受他人的干涉和控制。在教师的专业自治中，还应该包含着教师的专业发展自治，即教师应该可以不受外部压力的影响，制定自身的专业发展目标、规划，选择符合自身需求的教学内容，并且有意愿也有能力将这些目标、规划付诸实践。在这个过程中，老师们显示了更强的自主性。所谓"自主"，就是指教师在职业生涯中的职业生涯发展，以及获取自身发展的能力。因此，它是一种有条件性的"自主"。只要对个人的专业发展有利，对获得自我发展的能力有帮助，就可以使"自主"和外部的制约因素达到和谐。

（2）对自身的职业成长进行管理。这就意味着，不管是在正规的师资培训环境中，还是在非正规的职业生涯中，都会有一种自觉地进行自我教学的行为。如果一个人可以掌握个人专业发展的自主权，那么他就可以进行自我专业发展管理，让老师自己做出学习的决定，例如，需要学习哪些内容、如何学习及什么时候学习。教师应该可以对自己的专业发展需要进行诊断，选择合适的学习形式（例如，阅读相关材料、个人自学、请专家辅导或参加专门的研讨班等）。在学校组织的奖罚系统以外，建立对自己有意义的奖励系统，持续地回顾自己的专业学习过程，并根据个人的标准对自己的专业发展实施评价。

（3）能在自己的职业生涯中，自觉地进行自我学习。一位具有"自我更新"取向的教师，其专业成长既要依靠正规的师范教育，也要把自己的专业成长融入自己的日常职业生活中，从日常的教学活动中获取有益于自身职业成长的因素。这种老师一般都会带着一本笔记，把他最近要做的研究项目都写下来，并搜集有关的信息，然后制定出一套有条理的学习方案，将学习目标、资源和学习方式都包含进去，并寻找对同一项目有兴趣的合作伙伴。探

索可行的学习方法，为相关文献的阅读、思考、写作等预留一定的时间；在自主学习时，主动向同学或同行征求意见，以指导自己的学习。

（三）目标直接指向教师专业发展

从教师对专业发展目标的追求方向及发展的动力源泉来观察，教师专业发展目标是一种内向性的，是一种直接地将教师自身的专业结构的发展和改善作为主要目的，而不是将自己的职业阶梯的提升作为直接目的。教师的职业发展具有"阶梯"导向和"专业结构"导向两个基本方向。将教师视为一种职业，并在其组织架构、奖励与惩罚机制上加以审视。它将教师的专业发展视为一种"向上攀登"，将进步界定为一种"层级式"的过程，将成功界定为"登上体制顶层"的过程。而教师的专业成长，则是除了改善内部的专业结构外，更重要的是提升职业生涯的需求。"自我更新"的核心是个体的职业结构的改善，它将教育看作一种职业，认为教师应当在职业中不断地寻求职业结构的改善。

第二章　大学教师角色冲突的理论体系

　　教育社会学对教育事实的解释大多是由命题构成的，命题是关于一个概念或更多概念关系的描述。研究社会转型中大学教师角色冲突问题，首先必须明确"社会转型""角色""大学教师角色""大学教师角色冲突"等概念的内涵与外延。

一、社会转型

　　转型是由一种运动形态到另外一种运动形态的转换。从社会类型来说，社会转型就是社会从一种类型到另一种类型的社会转变；从社会形态来说，社会转型即社会从一种社会形态向另一种社会形态过渡；从社会经济来说，社会转型即社会从一种经济形式向另一种经济形式转化等。各种观点都有其合理性，但似乎又有一定的彼此重合或片面性，比较统一的观点是建立在把社会划分为传统社会和现代社会这种二分法基础上的界定，所谓"社会转型"，就是一个社会由传统形态向现代形态转化的过程。这样的解释有些过于笼统，因此，一些学者根据社会的基础因素，提出了社会的变革，即社会的调整、社会制度的更新，以及社会价值的重新塑造。西方学者用"六化"来总结社会转型：一是经济转型，也就是工业化；二是"社会转型"，也就是"城镇化"；三是政治变革，也就是民主化；四是文化的转变，也就是"世俗化"；五是机构的变革，也就是官僚机构的变革；六是理念上的转变，也就是合理化。

社会转型不仅是一个渐进的社会发展进程，还是一个整体的社会发展进程。金耀基先生曾经对转型时期的社会特点进行了深刻的分析。在他看来，转型期的社会有三大特点：①异质，即传统的和近代的混杂共存。例如，"摩天高楼"和"木板小屋"，"大水牛"和"喷射机"，以及自然经济和市场经济的共存，等等。②形式上的问题。这就是"应然"与"现实"之间的矛盾。有很多东西，表面上看起来是现代，实际上潜藏着的是传统，只是挂着"现代化"的名号和形式。③重叠的特征。例如，君权的非区分性，其职能是泛性，也就是具有政治、经济、教育、宗教等多种职能。在转型期的社会中，有与无、有功能的专门化与泛化的交叠。中国社会转型除了呈现出渐进性、整体性、异质性、形式性和重叠的普遍性之外，还表现出了独特的内容、动力和过程。

自改革开放以来，中国在实施对内、对外开放的同时，也迎来了"加快"的发展时期，面临着"全方位""深入"的社会变革，一些学者从多个视角，对"大变革"的基本内涵、特征等问题展开了深入的研究。下面从两个角度对中国社会进行了深入的研究与讨论。

（1）指出我国社会处于一个全面转型时期，它的基本特征是：从一个自给型、半自给型的商品经济社会到一个社会主义市场经济社会，从一个农业社会到一个工业社会，从一个农村社会到一个城市社会，从一个封闭式、半封闭式的社会到一个开放式的社会，从一个同质性、单一性的社会到一个异质性、道德的社会再到一个法律的社会。

（2）我国社会的变革，体现在三个方面。一是结构的变革，即我国社会的总体结构、资源结构、地域结构、组织结构、社会认同结构等都将出现变化；二是机制的变革，即我国社会的利益分配机制、社会控制机制、社会交往机制、社会流动机制、社会安全机制等都将出现变化；三是理念的变革，即我国社会的价值观也将随之出现变化。本节所说的社会转型，即从党的十一届三中全会开始到现在，社会结构的变迁、运行机制的变迁及社会价值观的变迁，是一个具有历史性意义的过程。

二、角色及其相关概念

(一)角色

米德是美国杰出的社会学家、心理学家和哲学家,他最早把"角色"这一概念引入"剧本"中。"角色"是一个专有名词,是一种根据剧本要求,由演员在舞台上扮演的特殊角色。它有两层含义:一层是当演员担任某一特定角色时,他要扮演这个角色的行为和举止,从而转化为一种客观化的社会行为规范和行为模式;另一层是一个演员可能会在某个时间点上消失,而那个角色却会一直留在那里。随着时间的推移,"角色"这一概念得到了进一步的扩展,并被运用到了社会生活的方方面面。

关于"角色"一词的界定,中外学者已有几十种不同的界定,但大致分为两大类:一类是社会学意义上的社会角色,这一视角集中在社会关系、社会规范、社会地位、社会认同等方面,例如,角色要按照社会结构中为它制定的规范行动,每一个角色都有一套权利义务和行为规范体系,交互性的主体在一定的社会中,必须拥有特定的地位及随之而来的角色,这些都限制着人们对行为的发生和选择,社会学家使用角色这个术语来表达身份的动态性质。"角色"指的是人们对某一团体或某一社会地位的人的期望表现。另一类是从社会心理角度来看社会作用,这个看法注重从个人的行为方式的角度来界定。例如,角色指的是与一定社会位置相联系的行为模式,它是占有某一社会位置的人应有的行为表现,某一角色,即是与某一特殊位置相关联的行为模式。从这一点可以看出,对"角色"这个术语的界定是多种多样的。

虽然对"角色"的定义,人们的表达方法和表达的内容各不相同,但是,不管是社会心理学者,还是社会学家,他们都认识到"角色"这个概念包括以下几个方面。①在一个社会中,对于一个处在"角色"地位的人应当如何行为,有很大的共识。②社会上的大部分人都想要模仿这样的共识。所以,角色可以被界定为:一个人在社会关系系统中处于特定的社会地位,并与社会的需求相一致的一套行为方式，即角色是一个人的特定地位、社会对他的期望和他所扮演的行为方式的综合体现。

（二）相关概念

自从角色概念引入社会学科，派生出一系列相关概念，成为角色研究中不可回避的术语。本研究中就使用了角色认知、角色意识、角色不明确、角色预期、角色行为、角色整合等相关概念。

角色认知是指根据社会对角色的要求而作出的一种对角色的认知活动。它包括三方面的内容：一是对角色规范的认知；二是对他人所扮演角色的认知；三是对自己所扮演角色的认知。在个人的社会化进程中，对角色规范的认知一直都在进行着，唯有通过对角色规范的正确理解，才能对别人或者自己所扮演的角色的恰当程度做出判断；而对角色规范的把握程度，将直接影响个人能否实现较好的社会适应性。同时，只有通过角色间的互动，才能使两个人的身份更加清晰。

角色意识是个体对于自己的角色身份、角色规范和角色行为的一种自觉、认知和理解。角色意识体现了个人对自身角色的认识和认知的过程，以及认识和认知的结果；角色意识不仅是个人对自我的认知和理解，还是个人对自我的一种概念。教师角色意识指的是教师对自身角色位置对应的角色行为规范及其角色扮演的认识、理解与体验，它既包含着动态的教师对角色的认识、理解的过程，也包含着静态的教师对角色认识、理解的结果。学者们一般都相信，角色意识由三个基础构成：个人对角色身份的认知、角色行为规范的认知和角色扮演的经验和认知。在同样的基础上，教师的角色意识也表现出了自己特有的内涵。

角色不明确是指，在这个角色中，人们或者是扮演这个角色的人，他们并不清楚这个角色到底应该做些什么，不应该做些什么，以及如何去做。社会的快速变化，往往导致了人们在其中所扮演的角色模糊不清。在快速转型的时代，许多社会角色也随之改变。人们会感觉到，许多人物的行为准则已经超越了他们以前认为理所当然的范畴。在这种情况下，许多人觉得"不得而知"，因为他们不知道那些人物的行为准则到底是怎样的。与此同时，随着社会的变化，也会出现新的职业和新的社会角色，例如，科技人员、机器操作者、文职人员等，这些都是现代社会中出现的新职业。在一个新的角色刚刚进入社会的时候，还没有时间给这个角色的权力和责任做出一个清晰的界定，这个角色的承担者自己并不确定，而别人的意见又各不相同，于是就出现了这个角色不明的现象。只有在社会对此角色作出清晰的界定时，角色模糊性才能得以消除。

角色预期是指在特定的社会环境中，人们对于特定的角色所应该具备的一种心理与行动预期。它是通过对社会角色权利义务的设定而形成的一种心理期望。往往是在个体承担某一社会角色之前就存在的，但需要被个体的角色认知所理解方能发挥作用。如果所承担的角色与角色期望不一致，个体就会感到无所适从。当个体的角色行为遵从角色期望并表现出较好的角色技巧时，其角色扮演就是成功的。

角色行为，也就是角色扮演，是指人们以自己对角色规范的理解为基础，从而对角色进行具体扮演的实际行为过程。例如，某人履行教师的职责、依循教师的风范、享受教师的待遇等一系列行为，就是教师这一特定角色的角色行为。角色行为取决于社会角色的客观规定性，人们只有承担某一特定的社会角色，才会演出相应的角色行为；角色发生变化和转移，角色行为也会呈现不同的具体内容。角色行为较之角色具有更为重要的意义：一定的社会角色只是人们观念上的行为模式，人们只有通过角色扮演的具体行为过程，才能充分展示角色的特定含义；如果人们超越或背离了角色的特定规范，就会否定自身所承担的社会角色。角色行为的多样性反映了繁复互动的人际关系。社会中的每一个人都是将众多的角色行为集于一身的角色丛。实际角色、期望角色和理想角色三者之间的"角色距离"反映了人们认知角色、扮演角色的水平能力与角色行为规范要求之间的矛盾。角色偏差、角色混同、角色紧张、角色障碍和角色冲突等一系列具体行为方式，都不同程度地反映了这一矛盾。角色评价、角色学习和角色整合是人们解决这一矛盾、弥合"角色距离"的重要行为方式。

　　角色整合是一个个体的角色行为逐步地与社会的预期和要求相一致的过程，也就是个体在提升自身的认知角色水平的同时，有意识地对自己的现实角色行为进行调整，从而缩小并弥补角色之间的差异，正确地处理好角色紧张、角色冲突、角色混同等问题，将个体角色行为与社会预期相融合的现象。在社会生活中，角色整合是一个人遵守和维持社会准则的主要方式，是一个人调整与社会、他人的关系以适应社会发展的一种方式。

　　角色技巧是指个体有效地扮演一定角色的特质和方式，主要包括角色扮演者的能力倾向、经验因素及特殊的角色训练。通常可以将角色技巧划分为两类：一类是角色认知技巧，指在与他人交往过程中，以所获得的线索为依据，对他人和自身的社会地位进行正确推断的能力，还包括可以推测出社会和他人对某种角色的恰当的角色期待的能力。角色认识技巧包括角色知觉移情作用、角色扮演社会敏感性等内容。角色认识技巧最主要的特征是能识别他人在角色反应中的细微差别，并为作出正确判断提供线索。另一类是角色运动技巧，即具有角色扮演者身体各部位的动作反应和一定形式的语言反应。角色运动技巧是以角色扮演者的动作、言语、表情、姿态等一系列的运动反应来突出其表意性功能的。角色认知技巧和角色运动技巧在个体发展过程中，通过学习、训练和实践而获得的，并对成功地扮演某种角色起着重要的作用。

　　角色结构是指个体扮演的各种社会角色之间的网络关系。人处于一个复杂的社会环境中，处于不同的社会地位，人与人之间往往会产生不同的社会心态与社会行为，也就是扮演的角色不同，他们所起的作用也不同。这就是个人的角色结构。例如，一位女教师，在学生面前她是教师，在教研室中她是其他教师的同事，在校长身边她是教员，在工会组织中她是主席，这只是她在学校所扮演的角色，而她的社会角色还广泛地分布在家庭和社会中。所以任何人都不是一个角色，而是一套角色，他要满足社会上的多种角色期待，实现多种角色任务。

　　角色学习是指个体了解和掌握角色的行为规范、权利和义务、态度和情感的必要的知识和技能的过程。它是一种社会学习，主要包括四个方面。一是在一定的社会情境中和社会性条件下，以所学的知识为主体。二是对他人的互动回应的学习，主要是对所扮演的角色的态度及情绪回应进行学习和模仿。角色学习是指对角色进行整体化、系统化的认知。三是与人物的交互作用。角色的学习发生在互动的人们的社交关系之中。任何一种社会关系都是通过与相应的伙伴进行相互作用来实现的。四是经常随角色位置的变化而进行的。角色学习需要与角色互动中的地位、情境相联系。一个人学到的社会角色越多，就越能适应多变的社会生活，取得合格的社会成员资格。米德认为，人的角色学习经历了三个过程。一是由模仿到认知的过程。儿童最初的角色学习是在玩耍中通过角色扮演进行模仿学习，然后才逐渐了解社会中的各种角色，从模仿过渡到对角色的认知。二是由自发到自觉的过程。个人的一些角色是生来就有的，如性别角色，人们在不知不觉中逐渐承担和认同。但作为社会角色的主体则是在社会的影响和教育下通过自觉地学习而获得的。三是由整体到部分的过程。个体对角色的认知最初也是从它的整体轮廓开始掌握，随着学习的深入，个体开始学习角色各个部分的具体规范、权利和义务、知识和技能等，进而个体才能把习得的各部分内容有机地结合起来，完成角色学习的任务。

角色互动是指不同角色之间相互影响与相互作用的过程。从根本上说，角色的互动属心理上价值标准的互动。角色互动是角色关系的结果与动态体现。每一种社会角色与其他角色都有一定的关系，各不相同的角色者聚集以后，便形成了某种团体结构，从而在结构的基础上展开互动。随着社会的发展，社会活动的频繁，个人自身所拥有的地位和身份也逐渐增多，从而加大了角色互动频率，角色冲突是角色互动的"异化"形式。

角色失败是一种在角色扮演中出现的极其严重的失范行为。例如，由于各种原因，一个人的演出不能顺利完成，最终被迫中途停止演出，或者即使没有离开，也是困难重重，每走一步都会碰到更多的矛盾。从角色失败的后果来看，一般可分为两种情形：一种是角色的承担者中途退出；另一种是尽管仍处于某个角色的地位，但其表演已经被证明是不成功的。

角色转换有两层含义：一层是传统角色向现代角色的转换；另一层是角

色丛的相互转换。这两种转换并非对立，相反，是两者并举的。例如，企事业单位的领导与家庭主妇间的转换，就属于两者兼有的类型。尽管各种类型转换的意义不同，但无论哪种转换一旦偏移，就会出现问题，造成角色冲突。所以转换的实现形式、临界点的选择、影响转换的因素、良好转换的标准等就成为角色转换需加关注的重要内容。研究角色转换，是解决角色矛盾的一种方法。因为许多角色间的矛盾并非天然存在的，而往往产生于对角色转换无知的情况下；有些角色矛盾虽带有强烈的对抗性（新旧对抗），但没有达到非爆发而不可收拾的地步。人们只要注意合适的转换，矛盾是不难克服的。

三、大学教师角色

大学教师是社会的一个特殊群体，具有属于这个特殊群体的本质特征，并通过扮演独特的社会角色来履行其他群体不可替代的社会职责，同时占有相应的社会地位。大学教师社会角色就是关于大学教师社会实践活动的一套规范、模式，而且社会就以这种规范、模式来期待大学教师的行为活动，并以此作为评判大学教师的标准。基于大学的主要功能及大学教师与文化、学生和社会的关系，大学教师主要承担研究者、教育者、服务者、社会批判者（知识分子）等社会角色。此处的教师特指大学中从事教学科研的专职和双肩挑教师，不包括教辅人员和专职管理人员。理解大学教师角色内涵，可以从大学教师角色三个基本特征的分析来展开。

（一）从纵向动态看，大学教师角色具有历时性

大学教师角色是个历时性概念，不同时期其内涵也有所不同。为了进一步理解大学教师角色，可以历史为线索进行纵向梳理。

（1）中世纪大学教师：职业性教书匠（单一角色）。中世纪的大学产生于一个由学者和学生组成的协会，所以，一所学校不应该只是一片土地，一栋大楼更不应该是一份校规，而应该是师生们的社会团体。这种协会最初是为了抵制教会和城市当局对学者和学生的干预，保护参与协会者的利益。这些

学者协会颁发"特许状"，正式的大学就成立了。中世纪大学课程具有很强的神学性质，但也充满了实用主义色彩，为当时的城市发展培养牧师、律师、医生等各种专业人才。显然，这些大学的教师都是拥有专业知识的学者，他们靠传授知识获得低廉报酬而维持生计，如勒戈夫所认为的，在这个时代，所谓的老师并非如世人所想的那么高贵，他们只是"工匠"般的"生产性工人"，必须像"商人"般地从学生那里收取工资来维持生计；如果希望从王权那里获得稳定的薪水，那么就必须遵守"官员"的规则；而那些依靠接受捐赠来维持生计的人，则属于"某些奴隶"。因此，中世纪大学教师的主要角色是以传授知识为生的教育者，当然，在教学的同时还得为上帝服务，具有牧师的角色。

（2）近代大学教师：研究者和教育者（双重角色）。在中世纪大学诞生以后的很长一段时间里，科学研究不受重视，自然科学家的身份未能获得职业和认知的认同。当时的大学教师主要通过人文学科来获得职业身份，如果他们对自然科学问题感兴趣，只有在正式的教学活动以外通过非正式的讨论来进行研究。在文艺复兴、科学革命、启蒙运动等诸多因素的作用下，传统的高校已无法与之相匹配，一些民族化的国家在把大学的控制权从教会手中夺回的同时，分别对传统大学进行了一系列改革，主要表现为：大学摆脱宗教控制进一步世俗化；自然科学进入大学课程，自然科学学者合法化、制度化；把科研作为一项重要功能，等等。现代大学在功能上与传统大学有了较大的转变，相应地，教师的作用也随之改变。

自从法国大革命以来，以及拿破仑的教育改革以来，人们一直将大学作为一种学术性与科学性相结合的学科，许多老师都是以从事科研为主的著名学者与科学家。但那时法国的大学里，老师的科研工作都是自主性的，并没有强制要求同学们参加，这并非政府或学校的强制规定，而是因为学校里的教学工作比较轻松，老师们可以有空闲的时候，也可以有自己的爱好。但是，在这一过程中，教师所扮演的研究角色也逐渐显现出来。另外，法国的大学也是完全受国家所主导，学校的老师也都是国家委派的，他们都是为国家培养的专门人才。德国在18世纪初发起了一场高等教育的变革。哈勒、

哥廷根等是主要引导者，他们引进了现代的科学与知识，开展了科研工作，并放弃了神学，转而以德语讲授。19世纪初期，洪堡在"新人文"思想的指引下，借鉴了哈勒和哥廷根等高校的改革实践，创建了新型柏林大学。洪堡重视"教、学"的自由，认为"大学"的首要使命是"求真"和"搞科研"。高校教育要和科研相结合，要以科研成果为主要内容，这样的教育方式才能被称为"大学"。洪堡"教与学相结合"的理念，深刻地影响了高等教育的发展，而"教与学"的关系，也使"教与学"的研究成为高校教师的职责所在。在教法上，改变了讲授的方法和形式，把讲授和研究有机地结合在一起。这就要求教师既要承担教学工作者的责任，又要承担科研工作者的责任。

法国和德国的大学都是由政府兴办的，大学变成了一个世俗化的组织；两国的学校都由政府设立，学校变成了一所非宗教的学校，学校里的老师也不是神职人员，这就使得学校里的老师在宗教上的作用发生了改变。但在此期间，英国的一些传统的高校，如牛津和剑桥，仍然保持着宗教的气氛，他们的老师也必须是神职人员。但是，随着教育的世俗化，英国大学的教员们也渐渐走向了"世俗化"。

在现代大学里，老师的作用与中世纪的老师有很大的不同，老师不仅是一位教育家，还是一位研究者和管理者。现代高校教师在社会中的重要地位是"研究"，因此，在现代高校中有许多著名的科学家、思想家和学者。

（3）当代的高校教师，既是教育者，又是研究者，而且是服务者（多元的）。20世纪以来，大学教师承袭了中世纪、近代大学的基本功能，以"教书""科研"为其根本使命。同时，20世纪对高校的教学工作也赋予了新的使命和作用。现代工业化的兴起，带来了科技、文化、知识的"下嫁"，打破了大学的"象牙塔"。在美国，《莫里尔法》的颁布，促进了"威斯康星大学"的发展，并提出了一种新的理念，那就是大学的发展要与社会的发展密切相关，大学要为社会提供更多的服务。"威斯康星"理念将美国的高校从"象牙塔"中完全解放出来，并直接面对美国社会的实际情况，从而使高等教育在教学和科研之后，具有了"服务"功能。从那时起，大学老师就承担起了社会服务的职责。

此外，第二次世界大战以后，"知识社会"的出现，特别是在高等教育逐渐走向大众化的过程中，高校对有知识的人敞开了胸怀，并"投桃报李"。知识分子们所依赖的波希米亚社区逐渐从格林尼治村中消失，到1900年，美国的知识阶层已经从都市和咖啡馆走进了学校。刘易斯·柯塞认为，大学是知识阶层梦寐以求、知识分子必然选择的"飞地"和"避难所"，其原因主要有五个。一是大学为人们提供了一个自由的、互相沟通的空间，在这个空间中，人们可以提高自己的思维能力。二是学校会给一位教授提供固定的工资，虽然比某些非专业人士的工资要低得多，但是它可以确保一位教授可以过上中等阶层的生活。三是在教师任职期间，大学对教师的权益给予保障。这说明学术人员有体制保障，不会被变化无常的市场所左右，因此，他们能够专心于自己的工作，而不会受到财务压力的干扰。四是高校将教师的工作安排形成了制度，让高校教师有了更多的时间来进行自己的科研活动。五是大学应尊重教师的学术自由。大学中的学术自由能够更少受到政治、社会等多种因素的影响，因此，大学教师就能够充分地发挥自己的批评功能，这样，大学教师就又有了批判者的作用。

在我国高校的发展历程中，高校的办学体制不断改革，尤其是高校功能不断丰富，高校教师的作用也在逐步改变。尽管在历史的长河中，高校教师的作用已有部分消失，但是从整体上来说，高校教师的作用是在不断增强的。从最主要的角色上看，大学教师的发展经历了三个时期：一是"以教为本"；二是教师与科研并重；三是教学、科研、服务于社会的统一。

（二）从横向静态看，大学教师角色具有多样性

信息科技的崛起，不仅是一次经济的变革，更是一次智力的变革。这种变革极大地扩展了知识对于社会经济、生产生活的影响，使其威力得到了极大的彰显，并使其成为经济社会的中心。高校教师是知识生产与传递的主要力量，使教师角色呈现出多样化的特性，扮演着教育者、研究者、服务者的角色。根据大学教师角色活动场域，大学教师角色包括校内角色和校外角色，教育者、研究者、管理者为主要校内角色，服务者、批判者、咨询者、立法者、阐释者、技术顾问等为主要校外角色。按照大学教师角色层的关系进行分类，大学教师角色包括生存性角色、发展性角色和超越性角色。

生存角色是教师最基本、最原始、最普遍的角色期望和责任，它是教师和非教师之间的一道鸿沟。每个高校教师都是"传道人""教育者"，这是每个高校教师的使命和责任。不管是院士、教授，还是助教，在作为一名老师时，其首要任务就是做好一名"教育者"。"教授不教""讲师不讲"等贬低教学的做法，都是老师应该抛弃的。

发展性角色就是作为"知识人"的高校老师，要在知识人的"社会圈子"里占据一席之地，要积极地将自己的角色延伸到科学知识链条的上游，甚至要成为"真相发现人"，才能更好地发挥"知识贡献者"和"知识创造者"的作用。

超越性角色就是大学老师在完成社会赋予他们的生存与发展任务后，要跳出自己的局限，去关注公众。这是一种对生存与发展任务的超越，也是一种对人类生活的超越，例如，爱因斯坦以科学家的身份寻求和平，马寅初以一己之力维护"新人口论"。但是，并不是每位教师都能具有超越性。

（三）从大学的根本属性看，大学教师角色具有学术性

学术性是大学最基本的特征，它不仅确定了一所大学的发展方向，还对一所大学的其他各种社会组织的生存与发展产生了重要的影响。大学的一切活动都与学术性有关，教学、科研、行政、产业、社会服务，都离不开学术性。正是由于"学术性"这个特殊的性质，使得作为高校活动的主体——高校教师，其所扮演的角色也就具备了一定的学术性质。

博耶尔认为，一位大学的老师应当具有四个层次的学术能力：探索型的学术能力，综合型的学术能力，应用型的学术能力，以及教授型的学术能力。具体而言，高校教师的学术素养体现为其在教学、科研、学术交流和教学改革中的表现。

大学教师所从事的是一项学术工作，学术是其最根本的特征，也是其事业的中心，因此，它也是评价其专业发展程度的一个重要的因素。从广义上讲，高等教育有三个基本功能，即教育教学、科研和为社会提供服务。从教师角色及大学教师的专业性质来分析，大学教师的基本职责是教学，那么，大学教师首先要具备的就是教学的学术水平。由于所教授的课程是学术性的学科，因此，高校教师要求具有较强的学术素养和职业素养（专业性、系统性和规范性）。高校作为知识产出的中心，科研工作也就成了高校教师的另一项重要任务。这就要求高校教师具有"发现"的能力，具有探索式的学术思想和精神，并在自己的专业范围内，持续地发现和创造新的知识。高校既是知识的传授之地，又是新的科学和知识的创造之地。为社会服务是高校教师利用自身专业知识进行职业实践的一种方式，也是高校教师"应用"与"综合"学术水准的一种体现。为此，高校教师的科研工作应密切联系社会实际，在实际工作中进行理论探索。综上所述，大学教师的学术性包含了教学、研究和社会服务的专业知识和学术能力，其发展的目的就是要通过自我反思、合作，以及必要的专业引导和政策扶持，来提高自己在教学、研究和社会服务方面的学术品位、学术修养和批判精神，从而提高教育的质量。

四、大学教师角色冲突

（一）冲突

冲突是一种常见的社会现象，要对其做出准确、统一的界定并不容易。即使是那些研究社会冲突的学者们，也都对"冲突"这个词的界定提出了不同的看法。

例如，矛盾是关于价值，对稀有地位的需求，权利和资源的争斗，在这些争斗中，反对的人都想要互相毁灭，互相伤害。矛盾是一种公开的、直接的交流，在这种交流中，双方都试图阻止另一方达成自己的目的。冲突是任何两个或两个以上的统一体，通过至少一种对抗性心理关系形式或至少一种对抗性互动关系形式来联结的社会形势或社会过程。冲突指的是人与人或群体与群体之间，因为某种目的或价值理念而互相斗争、压制、破坏以至消灭对方的方式与过程。矛盾就是为了与对方相遇，达到自己的目标，而在不同的派别之间，进行的直接、公开的交流。矛盾就是双方的利益不统一，双方都有自己的利益，感情上的敌对，意见上的不同，而且彼此之间有节制地干预。

对以上定义进行全面的对比，发现冲突有如下的特点：①它是一种社会存在的方式，是一种社会过程，是一种社会相互作用。②矛盾的主体有个体和群体两种，即矛盾可以是个体和个体的矛盾，也可以是群体和群体的矛盾。③矛盾产生的原因很多，但是，在价值观、地位、目标、利益、资源等重要问题上的差异、不一致，容易导致矛盾产生。④"冲突"在表达方式上具有直接、公开、面对面的特点，其表达方式上的"冲突"超过了"竞争"，也超过了"矛盾"的外在表现。⑤矛盾的目标是压制另一方，矛盾的形式可能是阻止、伤害、破坏和毁灭，这说明矛盾是有不同程度的。这场冲突不仅可以表现得很强烈，也可以存在着很弱的一面。

（二）角色冲突与大学教师角色冲突

任何一种社会矛盾都是个体与个体、个体与群体、群体与群体的矛盾。当然，角色冲突并不仅包括不同角色扮演者之间的冲突，还包括因为不同的角色规范有着不同的要求，从而导致了个体在角色行为过程中产生的矛盾和冲突。对于"角色冲突"的定义，学术界也是众说纷纭，在我国的辞书和社会科学著作中，主要有如下几种观点。

（1）角色间的相互冲突导致的一种排他的角色行为；其表现形式有很多种。例如，社会中存在着多个角色相互交错的矛盾，由于对某一具体角色标准的认识还不够一致而导致的各种角色之间的矛盾，由于所扮演的人物的真实水平和人物的规格不符合而引起的矛盾，等等。

（2）个体在扮演某一种或多种社会角色时，因其需求的差异，而不能同时得到满足，从而引起了个体的心理冲突、焦虑感与不安感。角色冲突的类型有：①相同的社会角色之间的内部冲突，它是指当人们在社会中对一个角色的期望和需要不符合的时候，这个角色之间发生的一种内部矛盾。②在新的角色转换过程中，由于人们对新的角色不能立即适应而产生的冲突。③一人同时扮演多个人物的内在矛盾。④社会角色设定中的个性特征和个体真正的角色冲突。

（3）对个人在角色中的行动与对角色的认识和期望之间出现不一致时所引起的内在经验的分析，它表现为两个层面：①个体的角色冲突。包含了两种情形，一是对自己所扮演的角色的认识与真实表现相抵触时；二是当一个人在同一时间扮演两个以上的人物，他们的人物标准和人物期望互相冲突的时候。②人与人之间的角色矛盾。在"自我"和"他人"之间，存在着对自己认识上的矛盾。当自我对他的角色认知和他对自己实际的角色行为发生冲突时所产生的强烈的内在体验。还有另外一种内在的经验，即当个体意识到自己在履行自己的社会角色时，存在着某种不协调的情况。由于个体对于自己所扮演的角色的认识和他人对于自己所扮演的角色的诠释不同，从而产生了矛盾。换言之，当拥有不同的角色身份的人没有就某个角色达成共识时，就会出现冲突。

（4）角色冲突是指人们在社交角色表演过程中，由于人物间的对抗与抵触，从而阻碍了人物表演的顺利进行。角色冲突可分为两类：一类是角色间的冲突，造成这种角色冲突的主要原因有角色的利益不同、角色的预期不同、角色的行为不符合角色的标准。另一类是角色内部的冲突，是指因为将多种社会身份和多种社会角色集中在一人的身体中，而在他自己的身体中产生的冲突，具体表现为：①一个人所肩负的多种社会角色，在同一时间对他提出了不同的角色需求，使得他无法胜任，此时就出现了角色内冲突；②同一个体同时扮演多个不同的角色，当他们之间的行为准则不一致时，就会出现不同的角色之间的矛盾。

在上述各种表达中，有许多相同点，但也有许多不同点，最重要的是，在人物冲突的具体表现上还没有一个一致的理解。本书认为"角色冲突"的基本含义是：角色扮演者在环境中，心理、行为上的不协调，这一现象不仅包括了相同的主体所扮演的相同的角色内部的冲突，也包括了不同的角色间的冲突。大学教师角色冲突指的是，当他们在扮演教育者、研究者、服务者和社会批评者等角色时，所产生的角色行为与角色认知或角色预期不协调状态的内在体验，具体包括了角色内冲突、角色间冲突和角色外冲突。

第二节 大学教师角色冲突的理论依据

高校是一个具有较强独立性的学术机构，高校教师在其中扮演着最为关键的角色。因此，对于高校教师的角色冲突问题的探讨，需要借鉴社会角色理论的概念框架、社会冲突理论的基本立场及社会变迁理论等，并将这些理论作为理论依据。

一、社会角色理论

19 世纪后期，西方社会学家对个体与个体、个体与社会关系中特定的关联过程的关注，引起了学术界的广泛关注，并形成了不同类型的交互性理论。交互性理论把交互性看作是一个不断进行的、与另一个群体之间的相互关系，并把这种关系看作是交互性的基础。随着交际论的不断完善，社会角色论也随之出现并得到了发展。萨姆纳、罗斯、迪尔凯姆等社会学家从习俗、规范、社会结构等方面探讨了"角色"的问题，杜威、库利、莫雷诺、齐美尔等人也都对"角色"的研究做出了一定的贡献。在这些人当中，美国社会学家乔治·米德是对"社会作用"这一概念最具影响力的人。他将詹姆斯、库利、杜威等人的相关思想融为一体，形成了一个完整的理论体系。在此过程中，他将"角色"这个词从戏剧和电影中引入了社会学的范畴，用于探讨人类和社会之间的关系。自此，"角色"这个名词开始频繁地出现于社会学、社会心理学等领域，并逐渐演变为"社会角色""角色丛""角色扮演""角色规范""角色期待""角色认知""角色学习""角色冲突"等一系列的概念,从而构成了一个完整的社会角色研究体系。20世纪50年代以来,以美国为代表的一系列关于社会角色问题的论文大量出现,例如,罗姆特维的《社会规范与角色:对持续的社会压力的心理学分析》,戈夫曼的《日常生活中的自我呈现》,比德尔、托马斯等人的《角色理论:概念与研究》,特纳的《角色与人》,盖茨尔斯与格巴的《角色、角色冲突及其效果》等。

社会角色理论是由多门社会学科的共同参与而发展起来的,它具有多学科的交叉性和开放性,这就让角色理论在解释和研究人类行为的时候,具有了可以自由发挥和想象的空间。一是将角色与互动相结合,角色通过互动来表达自己,而互动存在于角色之间。人物的塑造与扮演是在交互中实现的。二是注重身份与身份之间的联系,把身份作为一种客体表现。人物,也就是身份的驱使力量。个人在社会中具有特定的位置,并与其他社会成员的位置相关联,个人按照其位置行使权利与义务,这就是个人的作用。还可以将角色定义为处于一定社会地位上的个体根据社会对其提出的要求,利用自己的主观能力来适应社会环境所表现出的行为模式。

根据对人物这一概念认识的不同,人物说大致可分为结构性人物说和程序性人物说两大流派。引申到角色理论,角色理论分为结构性角色理论和程序性角色理论在结构性角色理论中,人们把社会看成是一张由不同身份构成的网,而每个人都在这张网中发挥着自己的作用。每一类、每一种状态,关于怎样履行责任的期待都是多种多样的。从根本上说,一个社会组织就是一个由多种身份、多种期待构成的网络。结构性角色理论从角色在社会中的地位出发,探讨了角色的行为,社会对角色的期待,角色面临的矛盾,角色和社会之间的关系等问题。结构性角色理论将角色看作是一定的社会权利与义务的体现,以及一定的社会地位的一种动态表现,重点是角色的共时性(社会中的个体往往不只对应一种角色)。程序性角色理论以社会互动为切入点,对角色扮演、角色期望、角色冲突和角色紧张等问题进行了研究。程序性角色理论把角色看作是一种象征的载体,或者是一种交互的表达方式,强调角色的持续性。

社会角色理论不仅是社会学理论中的一个中程理论，并且在社会学家进行了多角度的大量研究之后，已经变成了社会学理论中有系统框架、有专门概念、能正确反映和解释个体行为模式的理论，并与社会学理论体系中的其他部分相结合，能够在探讨和研究社会生活的很多方面起到一定的理论阐释作用。例如，社会地位与社会角色，社会个体与角色扮演，社会化与角色学习，社会交往与角色行为，社会规范与角色规范，社会稳定与角色意识，社会流动与角色转换，社会变迁与角色变化，社会冲突与角色冲突等，在社会生活中，有很多现象，都可以用角色理论来解释和说明。

二、社会冲突理论

20 世纪 60 年代后期，随着美国青年"反权力"和"女权主义"的兴起，一种新兴的社会学"冲突理论"兴起，并逐渐替代了过去一直占据着社会研究主流的结构功能论。冲突理论是由工业社会理论发展起来的，由达尔文和龚普洛维奇等人提出。现代冲突论有两种渊源，从而形成了两种流派。一种是"功能性冲突论"，由美国的刘易斯·科塞、兰德尔·柯林斯等人提出，这一学派是从"结构功能性"学派中分离出来的，他们认为自己的理论是对"结构功能性"学派的一种改进和补充。"功能性冲突论"强调了矛盾自身的作用，即维护社会稳定，促进社会和谐，加强社会整合。冲突是社会发展的必然动力，为了应对由冲突引发的危机，需要建立一种"社会安全阀"机制，对其进行有效的调控。另一种是"辩证冲突论"，由德国社会学家拉尔夫·达伦多夫提出。冲突不仅是一种破坏力，同时也是一种生产力。冲突可以引起结构的重新组合，而重新组合后的结构又会引发新的矛盾。

传统的西方社会学都把"冲突"看成是一种负面的分化，往往把它看成是一种破坏和分化的"病态"社会。科塞不同意这个想法，在他看来，社会学对冲突的正面结果的分析存在着缺陷，他还着重指出了冲突的建设性、有益的功能，也就是冲突对社会与群体具有内部整合和稳定的功能，冲突是一个社会中重要的平衡机制。科塞将社会矛盾划分为两类：一类是现实矛盾，指双方为了达成某种目的而采取的对峙行为；另一类是不现实的矛盾，指双方没有直接针对矛盾客体而采取的一种宣泄敌意的行为，常以寻找"替罪羊"的方式出现。科塞认识到了非暴力冲突的积极作用。

柯斯认为"安全阀"可以利用潜在的矛盾来维护一个社会的稳定，所有的社会结构都是建立在一种"交往的仪式链条"之上，这种链条既是社会安定的基石，又是社会矛盾的根源。引起冲突的原因有三个，一是对别人的主观定义的控制，在社会生活中，人们试图影响或控制别人的主观定义，从而使自己在彼此的交往中获得最大的优势；二是不平等；三是强制力量。针对冲突两个对策，一个是"礼节"，另一个是信条。当权者利用礼仪来招揽他人，并表现出对团体和社会的归属。处于支配地位的人们通过一些方式来表达自己的异化，或者表示自己对现有的社会秩序，尤其是对权威机构的不信任，而不是进行暴力对抗。另外，个人的兴趣是最基本的，与其他的道德规范相分离，兴趣可以刺激并强化人们之间的信仰，从而让他们彼此之间产生影响，确保彼此之间的忠诚度。

达伦多夫认为强迫导致了矛盾和变化。达伦多夫不赞成"平衡论"，而提倡构建"社会矛盾论"。社会矛盾的形态能够说明社会变化的动因；而矛盾所导致的变化是非常态的；各社会形态之所以相互结合，并非出于意见的统一，而是出于一种压迫；并非出于一种共识，而是出于一种相互压制。达伦多夫认为，产生社会矛盾的原因，一是由于权利的不平等，二是由于角色的强迫性。达伦多夫也推荐了一些可以用来度量战争的强度与烈度的变数。第一个变数为重选，用重选来度量冲突的重点，重选的重点在于冲突的强弱，而重选的强弱决定了冲突的强弱。第二个变数为社会流动性的水平，当一个社会上下流动性愈大，则阶层矛盾就不会更加严重。第三个变数是用来测量冲突严重程度的，即社会－经济贫困水平。第四个变数为矛盾的调适水平。调解矛盾的方法主要有仲裁、调停和调解三种。

持冲突论观点的人具体主张不一致，但总的来说，他们基本都认同以下的观点。①社会对财产和资源的分配不公平，这是导致不同利益集团和利益占有者和丧失者冲突的原因。②在冲突与竞争的过程中，虽然会产生新的不公平，但却会为新的不公平埋下伏笔，并开启新的矛盾。③在工业化社会，阶级、利益、资本、主宰与被主宰之间已形成了体制性的冲突，因此，冲突是必然的，而且是激烈的、迅速的。④冲突是一个社会的基础形态，冲突在造成社会不协调的同时，也起着社会融合的功能。

三、社会变迁理论

在社会学的研究中，社会变迁是一个永恒的主题。自从社会学被创造出来之后，它就以其特有的魅力，引起了社会学家们的注意。通过对西方社会学的奠基者及其早期经典社会学理论进行研究，发展出了诸如社会进化论、历史循环论、社会均衡论（功能性论）和社会冲突论等社会变革理论。

施本格勒、索罗金等提出了"历史的轮回"理论，认为人类的发展遵循着某种规则，经历了一次轮回，每一次轮回都会发生一次。斯宾塞、达尔文和摩根都是进化论的支持者，他们认为，一个人的社会就像一个有机体，是一个不断演化的过程，而且是按照某种顺序，从低到高、从简单到复杂，依次递增，就像一个自然的演化；随着时间的推移，这个过程也会逐渐变得完美。斯宾塞、涂尔干、马诺斯基、拉德克利夫·布朗帕森斯、默顿等都提出了"功能理论"，他们认为，社会是一个有自我调整作用的体系，体系中的各要素之间是相互依赖的，不管一个社会如何变化，都会使这个体系趋于均衡和和谐。

社会变迁是在西方社会转轨过程中形成的，它体现了西方社会转轨过程中的变化过程，并揭示了变化过程的规律性。社会变迁理论曾在西方社会发展和现代化过程中起到了重要作用，并为我国的社会转轨和现代化进程提供了有益的借鉴。社会的转型使得政治、经济、文化和思想等各个方面呈现出一种"新旧交替"的态势，由此引发的各种矛盾和冲突也随之接踵而至。所有的矛盾和冲突都会在教育的过程中表现出来。处于社会转型期的大学，在其发展中会出现许多问题，而且与社会的变化密切相关。所以，要正确认识大学发展与社会变化之间的联系，通过对社会变迁的认识，来分析导致大学教师角色冲突的社会因素，从而为制定合适的调整策略提供依据。

第三节　大学教师角色冲突的分析

角色冲突是一种比较复杂的人际互动现象。从相关文献中可以发现，研究教师角色冲突时界定比较混乱，既不能清晰地认识教师角色冲突的各种表现，也不能全面分析教师角色冲突背后的深层诱因，更不能提出切实可行的调适策略。为此，从角色内冲突、角色间冲突和角色外冲突三个层次，构建了大学教师角色冲突的分析框架，理解大学教师角色冲突的内涵。

一、大学教师角色内冲突

角色内冲突是指由不同的角色共同产生的一种矛盾。这一冲突源于人物自身所蕴含的内在矛盾。大学教师角色内冲突主要是指大学教师在扮演教育者、研究者和服务者等个别角色时产生的内部冲突，包括理想角色与现实角色之间的差距产生的冲突、规定角色与开放角色把握失当而产生的冲突、表现角色与功利角色失衡而产生的冲突、角色自我与个性自我难以调和而产生的冲突及新老角色的不协调切换所引起的矛盾。

（一）理想角色与现实角色冲突

理想角色是指社会或群体对一个具体角色所设定的一整套的权利、义务和行为准则，它代表了社会的一种理想预期，又被称为"预期角色"。真实角色是指个人在社会交往中所真正发挥的作用，它受到了领悟角色的引导和限制。但是，有时因为受到社会环境、个人素质和水平的影响，真实角色往往很难达到领悟角色的水平，更难达到期望角色的水平层次，因此产生理想角色与现实角色的冲突。随着知识经济的到来，大学的社会中心地位日益凸显，人们对大学教师的角色期望越来越高，大学教师自己角色定位不断攀高，尤其是青年教师往往疲于奔命仍难企及理想角色。理想角色与现实角色的差距是客观存在而又无法避免的，人们只能无限逼近理想角色，但永远也无法达到理想角色，所以理想角色与现实角色差距越大，角色冲突越剧烈。

（二）规定角色与开放角色冲突

大学教师作为社会中一项特殊的职业，既要遵循特定的传递知识、生产知识和应用知识的职业规范，又要根据学术职业的特性，在各种学术角色活动中创造性地开展工作。前者强调规训、刻板，后者倡导情境性、灵活性，大学教师要在规定角色与开放角色之间转换，很难掌握两者之间的平衡，从而产生规定角色与开放角色之间的冲突[1]。

（三）表现角色与功利角色冲突

大学教师是一个学术性职业，每个决心把自己奉献给学问，并把学问当作自己事业的人，不应该只关注学问的外在条件，还应该追求学问的内部追求，这个追求本质上就超越了单纯的功利目标，为了学问而学问。韦伯一方面肯定了学术专业的实际和物质性，另一方面也强调了它是一个人自身生活的纽带，是一种"天职"，是一种受神的召唤而来的任务。在我国经济转型的背景下，虽然高校能够在一定程度上为教师提供"缓冲"，但是，高校对社会资源的依赖性增加，必然会促使高校教师角色的重构。随着高校越来越接近社会的中心，在强大的外部压力下，高校的办学已经开始被市场竞争的逻辑所制约，没有任何目的的学术行为也开始被各种利益、势力所缠绕，而学术职业的传统、独特的价值观念与残酷的现实又使得它变得矛盾重重。这种学术活动本身就需要研究人员一生的奉献，需要他们能够忍受孤独，需要他们具有奉献精神，但是这些在现实面前却是那么的脆弱，大学教师在自觉或不自觉中都会表演着功利角色。

---

①李辉，龙宝新，李贵安.高校教师教学发展能力的结构与培育［J］.中国高教研究，2020，327（11）：60-65.

（四）角色自我与个性自我冲突

随着社会经济的发展，人类社会的价值观也在不断地发生着改变，并呈现出一种多元化的特征。身为一名社会成员，大学教师所拥有的独特价值理念和在教育教学过程中所应该传达的价值理念不可能是一模一样的，因此，大学教师所扮演的制度身份对其人格自我进行了限制。老师们的一言一行都无法超越既有的政治和文化秩序，他们的行为也必须体现出统治阶层和主流文化的思想观念。要想顺利地扮演好自己的专业角色，老师在面对学生的时候，必须要压制自己的价值观，特别是在自己的价值观和学生的价值观发生冲突的时候，老师不仅要保持符合社会意识形态的价值观，还要对学生的价值观表现出一定的容忍和谅解。因此，当教师面临着不同的价值观，或者是新旧价值观的矛盾和需要调整的时候，就会产生一种心理上的矛盾，造成了角色自我和个性自我的矛盾。

（五）新旧角色冲突

新旧角色冲突一方面表现为新教师的学生角色与教师角色之间的冲突，但更多地表现为转型社会及转型教育所带来的角色责任和角色技能变化而产生的冲突。例如，计划体制下的安逸与市场体制下的竞争，现代教育技术对教育、科研和社会服务手段的冲击，学校升级引起培养办学模式的变化等使教师面临新旧角色的冲突。

二、大学教师角色间冲突

角色冲突是由同一人物所饰演的多个人物所产生的矛盾。一个人处于多个社会位置，承担着多种社会角色。社会对其所承担的各种社会角色，也有各种社会期待。角色扮演者在完成某种角色责任的同时，也会对其他角色责任的完成造成一定的影响，从而导致角色之间的冲突。大学教师在社会和学校中扮演着多种角色，使教师在精力与时间分配上难以平衡而使大学教师产生角色间冲突。在这些冲突中，最突出的当属教学与科研之间的冲突，而对于双肩挑教师来说，行政角色与学术角色冲突也是比较典型的现象。

（一）教学与科研之间的冲突

教学与科研是大学教师最基本的两种角色，但妥善处理好两者关系对于大学教师来说实在太难。教育是一门与个人的天分有关的艺术，而不是一位学者的学术研究，两者能否兼得，则取决于他的机缘。艾博与迈克查的调查结果也表明，54%的老师觉得自己在教学、科研与直接承担社会职责之间存在着矛盾。在处理科研与教学的关系时，教学与研究孰轻孰重日益困扰着大学教师的角色定位，大学教师经常顾此失彼、难以平衡。

（二）双肩挑教师的角色冲突

集行政角色与学术角色于一身的双肩挑教师，在我国大学教师中的比例较高。山东省对大学教师的调查数据显示，16.19%的教师在学术机构任职，18.5%的教师同时兼有行政和学术两种身份。在解决高校教师供给紧张、充分利用人力资源及沟通教师与行政人员之间的关系等方面，双肩挑教师曾经起到过一定的作用。但是，在目标追求、工作方式、遵循的原则、评价标准等方面，双肩挑教师与高校教师之间存在着很大的差别。双肩挑教师不断在行政角色与学术角色之间转换必然产生角色冲突，学术角色和行政角色的冲突，使双肩失去平衡，角色冲突由此产生。

三、大学教师角色外冲突

非角色冲突是两个或多个角色在不同的角色中产生的矛盾。在此，两个或两个以上的扮演者，是指两个或多个处在社会互动两端的社会成员。现代大学组织中主要有三大群体构成，即教师群体、行政管理人员群体和学生群体。在这三大群体中，教师与其他两大群体联系最紧密，同时产生的冲突也可能最多，主要表现为教师与行政人员、学生之间及教师群体内的角色冲突。

（一）教师与行政人员的冲突

学者与管理者的矛盾是指在高校的组织活动中，由于价值观、角色地位、报酬结构、效忠目标等不同而导致的矛盾，从而造成的矛盾和冲突。教师与管理者分属两个不同的社会团体，他们所处的社会位置也各不相同，尽管在通常的情形下，他们不会在行为上出现外在的对抗，但是他们之间情感上的对立及思维方式上的隔窗却是十分常见的。按照观念与行动的对峙程度，冲突可以划分为一般的冲突与对抗性的冲突。一般的冲突是指能够被掌控但还没有显现出来的矛盾，冲突的表达方式更加曲折、更加微妙。对抗性的冲突，会影响学校的正常运转，例如，攻击、破坏。在高校中，学术与行政的冲突以一般的冲突居多，其表现为对高校的发展目标、科研组织形式、对教师的评价与管理等问题的理解不一致，在思想理念上也有一些分歧。教师管理者的身份是从事管理活动，注重秩序，以提升高校组织的绩效为主要目的，这时，对教师的评价更多地从管理角度入手，而较少地考虑学术生产的特殊性。对管理人员的奖励、认可和承认，在很大程度上取决于他们的组织，甚至可以说，是由他们的直接上级来决定的。但是，对于学术人员来说，他们的角色是植根于一门学科的，他们最想要的是，通过自己的学术活动来获得学术团体的认可，也就是说，他们效忠的对象，首先是学科，其次是学校。所以，对于他们来说，学术自由是他们的共同价值，即他们想要得到一个能为他们的教研工作提供足够物质和制度的保证。然而，一所学校的资源和条件是有限度的，这会造成科研人员不能很好地理解高校的资源状况，也不能理解高校管理人员在分配资源时所面临的困境和矛盾。所以，一旦高校管理人员拒绝了他们所要的资源，而把资源分给了其他教师，教师们就会觉得自己被不公平地对待。这就造成了教师与行政人员的冲突，而且这种冲突是不可避免的。

（二）教师与学生之间的冲突

教师与学生之间的冲突，是一种社会性的交往和存在。在很多时候，师生冲突都是因为老师与学生在价值观、地位、目标、利益等方面的不同而产生的。在当前的高校校园文化建设中，理想的培养目的、教学内容与实际需求之间的偏离，已成为不容忽视的一环。教学过程要求师生共享。

当师生之间的思想观念差异越小时，师生之间的矛盾就会越小。教师与学生之间的矛盾有不同的层次，如顶撞、争吵等，有较强的矛盾，如用暴力伤人等，更多的是以"冷战"的形式出现。师生仿佛是两个独立的单元，在进行着自足性的交互，从而产生了一条沟壑，沟壑的一端是永远忠诚于学术生涯的学者，另一端则是有着不同社会背景、有着不同职业期望的学生。

（三）教师群体内的角色冲突

尽管是同一个教师团体，但因其在学校的地位和所享有的社会和文化资本的差异，导致了因其所产生的社会矛盾屡见不鲜。这些社会矛盾主要有三种。一是教师在各专业教学中的角色矛盾。福柯将学科、职业之间的差异归因于学科、职业的规范作用。因为学科和专业知识在逻辑上的高度收敛性，所以在同一学科、同一专业领域中的高校教师，逐渐地构建出一套被人们普遍认同的研究范式、技术及术语体系，并以此来作为该领域的基本规范和标准。但是，这些基本规范和标准却造成了各个学科之间的相对封闭，使学科之间的边界非常明显，而且不同学科和专业的教师之间还存在着理解和沟通的障碍，并由此产生了思想上的偏向和情绪上的不同，这些还会演变成在信仰和行为方式的选择冲突。但不同学科间教师的最大共同点，就在于他们都专注于自己的研究；最微小的共同点在于，所从事的专业是彼此独立的，这些知识都是共有的。二是同一门学科中，不同派别间的冲突。即使是同一门课的老师，因为各自的理念属于不同的派别，也会互不让步，在一般的学术争论之外，偶尔还会对对方进行打击和压制，甚至是恶语相向。三是老与新的角色冲突。有人将这一冲突称作是"大学城内的代沟"。青年学者在学术观点、学术规范、学术立场、叙事话语、研究范式和研究工具上展现出的先锋意识，与掌握着学术话语权的老一辈产生了强烈的冲突，有时候还会形成对峙的局面。特别是在高校中，"冒犯"与"逆"的频繁发生，使得老与新之间的矛盾日益激化，从而在高校中产生了独特的"学术代沟"。

从以上三个层次对高校教师角色冲突进行分析，目的是要对教师角色冲突的含义有一个更加明确的认识。在实际生活中，很难区分角色内、角色间和角色外冲突的界限，这三种角色冲突往往相互交织，相互影响和转化，并且角色间和角色外的冲突最后都会演变成角色内的冲突。

第四节　冲突与调适：大学教师角色社会化的基本形式

角色冲突是大学教师专业发展的基本动力，教师角色成熟的过程就是"冲突—调适—再冲突—再调适"循环往复的过程。因此，只有正确认识角色冲突，积极面对角色冲突，充分发挥角色冲突的正向功能，预防和消除角色冲突的负向功能，教师角色意识才能不断得到强化、角色情感不断得到升华、角色技能不断得到提升，教师角色才能渐趋成熟。

一、大学教师角色冲突的分类与功能

分类是为了更好地认识事物，角色划分的不同方式，对角色冲突的认识有很大的影响。冲突作用概念的演变，对高校教师的角色理解产生了一定的影响。人们一般只看到教师角色冲突的消极影响，忽视教师角色冲突的积极影响。根据现代冲突理论观点，教师角色冲突既有正向功能，也有负向功能。

（一）角色冲突的类型

关于角色冲突的分类还比较混乱，一般从角色冲突的主客体和内容上来分类的，归纳起来有三种观点，即两分说、三分说和四分说。

1. 两分说

大多数文献都将角色冲突分成角色内冲突和角色间冲突，但这种分类其实把角色冲突限制在同一个主体内部的冲突，不能涵盖不同角色主体互动中产生的不同角色主体之间的角色冲突。张人杰教授在米切尔角色冲突分类的基础上，认为把角色冲突分为角色内冲突与角色外冲突两种类型比较合适。

这个分类将角色冲突分为两个层面，一个是人角色自己的体系，另一个是角色自己和其他角色之间的关系。这两种类型的角色冲突，每一种都有不同的表现形式。

第一类角色冲突（角色内冲突）通常表现为三种形式：一种是当个人在扮演一个角色时，对理想角色的认知与对现实角色行为的认知相冲突。例如，一个人看到他应当怎样做老师和作为一个老师怎样做与他实际上怎样做一个老师之间存在着很大的差异或矛盾。二是个体在同一角色中，面临两种（或多种）角色需求无法匹配而产生的角色冲突。三是新老角色在不同的角色之间发生的矛盾。"新课程改革""新课程改""教育信息化"等重大教育改革所带来的新老转型相关问题密切相关。

第二类角色冲突（即非角色冲突）主要包括两种：一种是由于身份差异引起的个体间的矛盾。对于老师而言，就是老师与相对身份者（如学生、家长、教育管理者等）对老师角色的期望，特别是对好老师特点的看法有重大差异而引起的冲突，虽然在不同的身份者之间也会存在差异。另一种是个体在多个角色中所承担的多种角色之间的矛盾。具体来说，每个人每天都在扮演着不同的角色，当他意识到自己在执行其中一个角色的规定与执行另一个角色的规定之间存在不相容之处时，所产生的角色冲突状态，就是多重角色冲突。这往往会让人觉得好像是在同一时间被多个方向上的力拉扯着。张人杰教授的分类比较清晰地把各种角色冲突表现形式进行了归类，但他的第二种分类中把个体同时扮演几个角色也归在角色外冲突显得不妥，因为角色外冲突主要表现为不同角色主体之间的冲突[①]。

2. 三分说

丁水木、张绪山等人将角色冲突划分为三种，分别是角色外冲突、角色间冲突、角色内冲突。角色外冲突是两个或多个角色在不同的角色中产生的矛盾。在此，两个或两个以上的扮演者，是指两个或多个处在社会互动两端的成员。例如，在家庭中的父子矛盾，在单位中领导与被领导、同

---

①杨华春，任南，吴洁. 高校教师评价指标体系的改进思考——以国际视野下的全周期为视角 [J]. 中国高校科技，2021，396（08）：30-35.

事之间的矛盾与争议，都是角色外冲突。角色间冲突是由同一人物所饰演的多个角色所产生的矛盾。一个人在社会中处于多方面的位置，其所扮演的角色也是多方面的。社会对其所承担的各种社会角色，也有各种社会期待。角色扮演者在完成某种角色责任的同时，也会对其他角色责任的完成造成一定的影响，从而导致角色之间的冲突。角色内冲突是指由不同的角色共同产生的一种矛盾。这一冲突源于人物自身所蕴含的内在矛盾。在角色内部存在着两类矛盾：一类是人们对相同的角色存在着不同的期待，导致了角色在行动上的迷茫；另一类是理想的角色和真实的角色之间有一定的距离。

3. 四分说

Brief综合了过去学者的看法，将角色冲突分为四种类型。一是角色赋予者间的角色冲突。此类冲突是指不同角色赋予者对同一角色接受者的期望相互冲突，使角色接受者产生左右为难的情况。二是角色赋予者本身的角色冲突。三是不同利益主体之间的预期矛盾，即相同的角色接受者，可以同时饰演多个角色，但是每个角色都有着完全不同，甚至是完全对立的角色标准和预期，导致角色接受者不能调整自己去实现所有的角色任务预期。四是个体在角色上的矛盾。这种矛盾主要表现为个体的外部角色的标准和预期与其内在的动机、个性和价值观念之间的不和谐。这种冲突还可以细分为三种：角色期望与人格特质的冲突，例如，喜欢民主参与式领导的职员也许会碰上一个喜欢权威式领导的上司；角色期望与个人动机的冲突；角色期望与现实环境的冲突，例如，外在的角色期望与角色接受者的人格及动机并没有冲突，但角色接受者却将外在的角色期望内化为自我的期望，而自我的期望却与现实客观环境有所冲突。

综合上述三种分类观点可知，二分法没能清晰说明角色间与角色外冲突，四分法有重选之嫌，而且过于复杂，比较而言三分法清楚明了，有助于清晰地认识角色冲突。以上分类方式为人们认识角色冲突提供了方便，但没有从冲突的性质或功能上进一步分类，这将会阻碍人们形成正确的角色冲突观，不利于把握冲突时机，从而进行有效的调适。

（二）角色冲突的功能

人类对矛盾本质、功能等的理解，是一个不断变化、不断加深的过程。20世纪40年代之前，主流的观点是：组织内的冲突是团队功能紊乱的产物，是负面的、不好的，应该尽可能地回避。在40年代后期到70年代，矛盾性的人际关系概念盛行。无论对哪一种主体来说，冲突都是不可避免的，也是不可能完全消除的，应该接受它，让它的存在变得合理，并调整人与人之间的关系，恰当地控制和发挥它的作用。20世纪80年代后，冲突性的互动概念在研究中占有主导地位。冲突的积极性质，即"建设性"和"促进"，而"破坏性"和"阻碍"是消极性质。没有矛盾的组织容易缺乏活力，缺乏创新和变化的需求。适度的矛盾可以激发组织的活力，推动组织的变革，维持创新的活力，进而提升组织的业绩。因此，预防和消除冲突已经成为组织管理者的工作，他们要对冲突一一进行管理，限制破坏性（功能紊乱性）冲突，推动建设性（功能性）冲突，在控制冲突负面效应的同时，最大限度地发挥其正面效用。

科塞的函数型冲突论在矛盾函数方面有其独到之处。他不赞成帕森斯和其他结构函数派学者否认冲突，认为冲突是一种社会病变，也不赞成达伦多夫和其他学者对冲突进行全面的批评，而主张把冲突作为一种社会性的整体，去探索它对于社会发展的作用，以及对于社会进步的好处。他还给出了矛盾积极作用和消极作用的判据。在确定一个冲突是否起作用或不起作用时，关键在于"问题"的种类，即它是一个冲突的客体。当没有影响两人之间的联系时，它会起到正面的作用；当矛盾对核心价值观产生影响时，矛盾就会产生负面作用。如果因为表面的问题而产生了矛盾，那么矛盾就是维持这个体系的一种手段。但如果矛盾的根源在于其核心价值观，就会对一个社会团体的生存构成威胁。作为社会冲突在微观层面上的一种体现，按照科塞的冲突功能观，教师的角色冲突既有负的功能（功能紊乱性的角色冲突），也有正的功能（功能性的角色冲突）。区分这一点的根据，主要看是否会对学校的核心价值观产生影响，是否会阻碍师生、教师和管理人员之间的正常交流，是否会对教师的角色成功扮演造成阻碍。

冲突的积极作用体现在：①冲突是一个"激发器"，推动了学校的改革；教师的角色外冲突能够激励教师与学生、教师与管理人员、教师与教师之间进行持续的反思，从而促使学校对各种规章制度进行改进，寻找改革的突破口。②在学校中，教师的作用成为"安全阀"。当前高校的办学方式，导致了师生之间权力与地位的错位。学校对老师提出了更高的要求，给老师带来了更大的压力。老师对自己的学生有太多的控制和权威。这样的情况很容易造成师生之间的消极情感，产生对立。在某种意义上，教师角色冲突是师生表达紧张、发泄不满情绪的一种方式，在某种程度上可以缓解教师与学校、学生与教师之间的矛盾与紧张。③"动力源"是教师职业发展中的角色矛盾。恰当的角色冲突能够激励教师持续地展开自我反省，这有利于教师根据社会的期望和职业活动的要求，在具体的教育情境中，持续地对自己的角色行为进行反思，对自己的角色形象进行审视和对自己的角色扮演能力进行评估，让自己向角色的需求靠近，这样能够促进教师进行进修学习，提升自己的从业能力。与此同时，积极地解决角色冲突还能让教师体会到成功的喜悦。我国高校大部分的教师都是终身职称，只升不降。在这样的人才聘任机制之下，一些老师的职业积极性不高，没有了危机感和忧患意识，他们的教学和科研积极性、创造性都有所下降，与他们在职称评聘前相比，已经是天壤之别。因此，有些评了教授的教师，尤其是老教师，安于现状，教学上内容陈旧，方法传统单一；科研上勉强完成任务，得过且过，不能起到学科带头人的作用。有些角色意识淡漠的年轻教师也在死气沉沉的组织中没了斗志。

角色冲突是把双刃剑，如果教师角色冲突不能被及时有效地调适，将会产生一些负向作用。一是教师角色冲突增加学校组织内耗，降低学校运行效率。教师角色冲突过于剧烈，冲突的频率过高，可能使学校组织气氛紧张，使教师与管理人员、教师与学生、甚至教师与教师之间产生隔阂，难以形成富有凝聚力的科研团队和教学团队，难以营造上下同欲的组织管理氛围，难以促成融洽的师生关系，增加学校运行隐性成本。二是教师角色冲突有可能提高教师职业倦怠指数，影响教师角色社会化的进程。如果教师角色冲突不

能得到及时调适，教师的角色冲突会对教师的身心健康、工作热情、职业稳定性产生不利的影响，从而造成教师的角色不能实现，并引发一些教师的退出行为。

二、大学教师角色冲突调适的内涵与分类

"调"是手段，包括调节、调整、安排、协调等。"适"为目标，指实现平衡"，包括适合、适当、适度等。角色冲突调节，就是通过人工的方式，来缩小角色的差距，协调角色的冲突，也就是将理想角色、领悟角色和实践角色三个方面的关系进行协调的过程。是为维持正常的社会生活秩序，创造理想的生存环境所表示的一种互动方式。教师角色冲突调适就是根据社会对教师角色期望和教师角色规范要求，通过社会、学校和个人提供角色扮演条件，使教师能成功扮演教育者、研究者和服务者等角色，人为协调理想角色、现实角色差距的过程。

根据不同的标准，大学教师角色冲突调适可以分为不同的种类。根据角色冲突调适的主体，从自我调节、学校调节和社会调节三个方面进行了探讨。教师的自我调节，主要指的是通过对角色的学习、技能的培养和培训（专业的或非专业的），来理解角色期待的真实意义，把握社会准则的准确要求，提升师德水平、角色技能，以及对不同角色期待的协调应对能力。适应是指在适应内部和外部环境的基础上，对自身的发展做出相应调整，从而为教师创造更多的"适应性"。社会适应主要是通过对教师的角色定位进行调整，使社会产生新的、与教师自身素质相适应的角色定位，或者是通过对教师进行改进来营造一个适宜教师发展的社会化环境。根据调适的程度，可以分为角色微调和角色重构。角色微调是指不改变教师角色结构，只对教师角色规范进行部分修正和完善。例如，根据社会发展和学生身心发展，在不同时期对教师的教育者角色提出不同的要求，并没有改变教师所扮演的角色结构。角色重构是指改变教师角色结构，赋予教师新的角色。例如，中世纪大学教师的主要社会角色就是教育者角色，而近代随着科学技术在大学中地位的确立，大学教师又有了研究者的角色。现代社会的发展，要求大学教师走出象

牙塔，服务社会，于是大学教师又增添了服务者角色。随着大学从社会边缘走向中心，教师又增添了政策咨询者、技术顾问等角色，大学教师角色结构发生了质的变化。根据调适的手段，可以分为刚性调适和柔性调适。大学教师角色学术性特征决定了教师角色冲突调适手段应刚柔并济，以柔为主。

三、大学教师角色冲突与调适的辩证关系

在教师角色社会化进程中角色冲突是绝对的，调适只是相对的。积极干预功能紊乱性角色冲突，主动激发功能性角色冲突，是教师角色冲突调适的基本理念。

（一）在教师角色社会化进程中，角色冲突是绝对的，而调适是相对的

教师角色社会化是指，教师在学校体系中，逐渐地理解并认识到自己在职业团体或社会结构中的位置，理解并遵循团体和社会对于这个位置的期望，学习怎样成功地履行自己的职责，从而实现合适的角色行为。教师角色社会化是一个曲折的、充满了角色冲突的过程，同时，社会需求与个人理想、献身教育的表现性角色与追求实用的功利性角色、受角色规范约束的规定性角色与追求个性自由的开放性角色、满足社会期望的社会中心性角色与满足学生需求的学生中心性角色等角色冲突都在这个过程中。特别是当教师的辛苦工作没有得到应有的尊重，社会地位低和经济利益得不到保障时，这种矛盾将更加突出。所以，在教师角色社会化的过程中，教师的角色冲突是一个绝对性的问题，因为有了冲突，教师就会对自己的角色行为进行持续的反思；而教师角色成熟的过程，也就是教师通过学习与其相关的角色期待和规范进行的角色调整的过程。在教师角色的发展阶段中，教师都会呈现出各自不同的角色行为特点，遇到的冲突情景也各不相同。如果教师可以持续地突破自身的知识和教学经验的限制，那么他们将会保持一种动态的、开放的、持续的发展状态，最后他们将会成为一名专家型的教师或学者型的教师。

国内外学者对教师角色社会化的进程，提出了不同的分段理论。大学教

师通常要经过一个阶段，即确定和适应教师角色的第一个阶段——教师角色逐步成熟的快速发展和稳定阶段；教师角色趋于模糊和丢失的停滞和退缩阶段；教师角色不断调整和成长的持续社会化阶段。新教职的摸索期，是一种新的、有规律的、具有一定意义的、有较强职业精神的新职业。在此阶段，教师所面对的角色矛盾，一是在角色转变上的矛盾。从原来的"照料者"与"引导者"，变成了管理者、激励者、交流者、组织者、咨询者与反思者，由学校来"管理"与"改造"。二是人际关系上的矛盾。在新的工作环境中，新的老师会遇到很多在工作准备阶段无法遇到的人群和个人。因此，老师们不仅要与同学们进行有效的沟通，还要与同事、家长、管理者等进行及时的沟通。教师在与其他学生的交往过程中，因缺乏对其他学生的认识和沟通技巧而导致了许多矛盾。虽然，初任教师可能会面临很多的角色冲突，但经过一段时间后，通过其丰富的教学经验，在内部和外部的角色调适下，大部分的教师都会逐渐适应并担当起自己的角色。从社会战略的视角看，新教师角色的社会化大体上要经过三个时期，即依从—内化调节—再阐释。在经历了一个过渡期后，教师角色就会逐步进入一个快速发展期，然后就会进入一个稳定期。在这一时期，很多老师的教学生活逐渐摆脱了对他人的依赖，拥有了自己的创新意识和自主精神，可以独立地进行研究工作，在反思式教学和科研实践中，教师角色逐渐走向了成熟。所以，在这一阶段，教师的角色冲突比较弱。教师角色调整的目的主要是以持续改变的新形势和新出现的问题为依据，展开对新情况的思考和研究，创造并尝试新的教学策略，努力做一个积极而有效的改革者和研究者。在经过一个快速发展并趋于平稳的阶段之后，教师的发展与成长路径逐渐呈现出差异化、多元化的特征。国内外的相关调查及相关的研究都显示，教师的职业生涯往往经五六年就已经基本形成了。很多教师在进入"高原期"后，由于自身的原因，很难再有较大的提升。对于"定型"的老师，只要通过适当的调整，还是可以期待其继续成长的；如果没有行之有效的方法与策略，那么，在教师的职业发展中，就会从一个相对平稳的状态进入"停滞期"，甚至"倒退"的状态。处于停滞和退缩阶段的教师，尽管具有较为丰富的教学经验和教学技巧，但因为不能时常对自己的教学理念和教学实践进行反思，不能主动参与课程与教学改革，也就很难满足学生的学习需要，并感到在教学上力不从心，在科研上没有建树，而出现了角色冲突。在经历了快速发展和稳定阶段之后，教师角色社会化的速度变得相对缓慢。然而，在强大的职业发展动机和良好的发展环境的支持下，很多优秀的教师都可以在合理而有效的教师教育模式和策略的推动下，对自身进行调整，维持着一种持续发展的状态，慢慢地变成了专家型教师或学者型教师。因此，角色冲突与调适将伴随教师整个职业生涯。

（二）干预与激发并重：教师角色冲突调适理念的辩证性

在教师的角色冲突中，有功能性角色冲突与功能性紊乱冲突两种。学校是所有教职工发展的场所，学校矛盾过多和组织内部不稳定都不利于老师的角色扮演和学校的正常运行，而一个和谐、和平、安宁的组织，在面对变化的需求时，往往会表现出静止、冷漠和迟缓，所以，组织的矛盾必须在适当的条件下，才能取得最大的效果，也才能使教师的角色更加完善。为此，在调节高校教师的角色冲突时，校方应正确的认识其本质，并进行有效的干预。

1. 对角色矛盾的本质进行了正确的理解

在调整冲突前，校方应弄清存在的冲突是否处于功能层面上。如果是在有作用的层面上，则校方可以不采取任何行动；在冲突等级大于功能等级的情况下，应尽量降低冲突等级；同样地，对于处于功能层面以下的学校矛盾，也应适时地加大，将矛盾控制在一个可接受的范围内。对此，高校领导班子要做好如下工作。

（1）对其进行情境与量的分析。通过对教师角色冲突的历史理解，可以对其产生的根源及产生冲突的原因有一个基本的认识，并且在这个认识的基础上，可以对存在角色冲突的老师的人数进行一个全面的认识，从而可以判断出，当前学校中这一类型的老师人数是偏少、中等还是过多。对于教师角色冲突情况的了解主要有以下途径：从平时工作接触中靠多年经验判断教师角色冲突数量，例如，可以观察教师的从业状态、教师投诉量等；主动走访交流，了解教师角色冲突数量；通过各部门信息反馈汇总分析教师角色冲突量；通过学校相关部门（人事处、教务处、科研处或高等教育研究所）以调研专题立项进行抽样问卷调查，详细了解教师角色冲突数量。

（2）诊断冲突的性质。不同性质的角色冲突对学校和个人发展会产生不同的影响。根据角色冲突的程度可以把角色冲突分为轻度、中度、重度三种不同水平，根据冲突的影响可以分为功能性冲突和功能紊乱性冲突。针对不同水平的角色冲突和不同影响的角色冲突，调适策略也有所不同。角色冲突是人们在互动中产生的不协调的行为和心理状态，而且教师角色冲突大多为隐性的，外显的行为冲突并不多，这给角色冲突的诊断带来很大的困难。传统上很多学校领导都是凭感觉作出判断，往往会出现判断失误而错过教师角色冲突调适的最佳时机，或采用了完全与冲突性质相反的调适措施。那么如何准确判断教师角色冲突的性质呢？只有通过定性与定量结合的方法，才能比较准确地把握教师角色冲突的性质。采用走访、交流等定性方法和设计教师角色冲突量表进行抽样测量，然后进行综合分析，确定根本性与次要性冲突及冲突的破坏性，从而判断冲突的影响程度。

2. 主动激发功能性冲突

学校组织发展缓慢的原因更多在于学校冲突太少，而不是太多。有些院系和部门表面上维持一团和气，对冲突过度回避。在此背景下，学校管理人员应通过多种途径引发功能冲突，自觉提升其层次。激发校园内的矛盾，是一个较新的课题，具有某种反常的性质，并且要激发出功能上的矛盾，难度较大。笔者结合研究提出以下几点思考。

（1）创建一种具有竞争力的企业文化，这种企业的价值观念和标准，对于争议和不同的观点，要有开放的态度，让教师有勇气表达自己的观点，让信息从上到下、从左到右。帮助学校成员树立起对组织冲突的正确认识，树立起以竞争为核心的校园价值观，让学校成员能够对冲突有一个正确的认识，能够直面冲突的产生，并将其包括在内。

（2）重建校园的组织架构。在校内决策机制化、效率低下、教职工斗志消沉的情况下，积极地进行调查与分析，以确定是否需要进行组织改革。在此基础上，提出了对工作团体进行调整、对校规进行修改、对校内人员的依存度进行提升等措施。并通过适当的外聘和对内的调剂，来改善高校的人力资源现状。已有的文献显示，高度异质化的团队能够比非高度异质化的团队作出更好的创新决定，特别是对于一些没有可供参考的复杂问题。如果一个小组成员拥有各种不同的专业知识和视角，那么他们的工作效率和工作品质就会更高。当一个学校引进了某种外在的激励因素，这些人的背景、价值观、态度，以及管理方式都与现在的学生有很大的差异，这就不可避免地加剧了学校的功能冲突。这能使学校内部的人事结构得到合理的调整，从而产生和激发学校的发展动力。

（3）加大学校的职能冲突。高校管理者应善于倾听意见，突破思维定式，采取有针对性的奖励和惩罚措施，以激励学生发挥作用。管理者应该使用奖赏的技巧，激励和奖赏持异议的人。使用交流的艺术可以引起恰当的矛盾。在较低层次的组织中，管理者会使用含糊不清或威胁讯息来提升其层次。此外，也可利用非正式交流，引发校园内的功能冲突。

3. 有效干预功能紊乱性冲突

功能紊乱性冲突直接威胁组织生存和教师发展，当教师角色冲突达到一定程度，冲突的频率过高时，学校领导就要从以下几方面采取措施进行主动干预。

（1）明确学校的发展目标。学校目标与个人目标互相影响、互相制约。学校的发展目标是促进学校发展，提高学术水平，为社会培养更多优秀的专业人才，而学校目标需要学校中的成员共同来完成，所以，要实现学校发展目标就必须使个人目标和学校目标得到有机的统一，形成最小阻力。学校在制定发展目标时应尽可能地使学校目标覆盖，包含个人目标，使教职员工能从学校所设立的目标中看到个人利益，并且通过群众参与制定的方式促进大家接受，并把组织目标转化为个人目标。在达成办学目标的过程中，不仅是向别人学习，也是与别人共享，更是达到自己的办学目标。在此基础上，通过对个体目标的重视和指导，逐步实现个体目标与群体目标的对接和整合，从而实现学校的共同发展。所以，在学校共同发展目标的指导下，所有学校成员之间相互依赖、彼此合作，在一定时期之内，能够将学校功能紊乱性冲突淡化或消除，从而推动学校各项工作的顺利开展。

（2）强化师资队伍的建设。在小组中，教师之间的密切合作，对完成学校的教育任务，传承与弘扬教育经验与优秀传统，促进年轻教师的成长具有重要的意义。具有团体归属感的教师，其角色冲突程度会有所减少。通过教师团队建设，能够提升教师的权威性、专业性和创造性，从而对学校教师团队的工作能力进行整体提升，同时还对学校管理者协调教师的工作起到了帮助作用，避免因为任务分配而导致的冲突。与此同时，以团队为单位，教师要时常在学习的过程中进行沟通与交流，共享教育资源，一起完成教育课题，这样能够在教师之间形成相互促进、相互影响的人际关系，提升教师的内部控制和自我控制能力，进而降低功能紊乱性冲突的发生。

（3）加强校内校外的交流与对话。在学校组织内部的信息交流中，因为传播者对信息的认识不足，很可能会导致错误的理解，又或是因为信息的发出者与接收者的思想、动机、认知方式的差异，导致了对信息的错误理解，加之组织内部的官方机制，使得信息被压缩或扭曲，这就成为交流不顺畅而引发矛盾的主要原因。内部交流方面，要构建一个平面性的学校组织架构；在这种"平面性"的组织架构下，教师可以更多地参与到政策制定过程中。另外，在平面化的架构下，可以缩短垂直沟通的联结通道，加速校长与老师之间的交流，以降低资讯的错位，有效地规避职能错位的冲突。学校领导应转变与学生的交流方法。高校校长交流有三种方式。一是典型模式，以持续反映老师的观点、要求、决策透明为主要特征，以相互协作为特色。二是平扇面型，以直接策略为主，以师生之间的竞争为主要特征。三是失败型，其工作方法较直线化，以学校领导和老师之间的关系为特征的对立。一个典型的校长，其最大的特征就是对老师们作出积极的反应，并乐于被老师们的影响所左右。他们聆听老师的心声，并对老师治理学校的体制给予支持。一般的校长将沟通与互动视为工具手段，而典范的校长将其视为持续的、不可或缺的因素。四是加强校方与校方之间的交流，让校方能更快、更高效地了解校方的信息。例如，定期召开会议、座谈、交流、领导接待日等，建立校长信箱、学校 BBS 等网络方式来进行交流，为学校内部成员之间的交流提供了一个良好的平台。当然，在校园里，有些非正式的交流对降低矛盾也是非常重要的。学校也可以组织一些集体活动，例如，运动会、郊游、考察、舞会等。从与外界的交流来看，一位校长应当是有能力的社会积极分子。当代大学已经由"边缘化"到"中心化"，作为一所高校的校长，其职责不仅仅是解决学校内部的各种矛盾和纠纷，更是与社会各界进行交流和协商的重要角色。一位出色的校长，绝不可能只是坐镇一所学校，他要处理好与各阶层之间的关系，从社会上获得支援和资金。

一名校长无法解决大学与社会之间的各种矛盾，不能积极争取政府和社区的支持，不能为教师的学术活动营造一个轻松的外部社会环境，这必然会加剧教师的角色冲突。缩短学校与教师之间的交流、降低资讯的扭曲，可有效地避免功能紊乱型的冲突。

第三章　地方高校教师教学能力的高质量发展体系

第一节　地方高校教师教学能力的内涵与特征

科学技术与人才是推动国家经济与社会发展的重要力量。高校的基本使命是为国家培养、输送适应社会发展需要的社会主义现代化建设专门人才，而高校的教育质量又是影响人才培养质量的关键。

一、高校教师教学能力发展的背景与意义

高校是培养高层次创新型人才的重要基地，其首要任务是教学，而教学又是教育的根本保证。如果没有对教学的基本地位给予足够的关注，就会造成大部分老师忽略了教育的质量，从而很难保证整个学校的整体教学水平，更重要的是，很难有效地提升学生的学习质量，因此，要更加关注大学教师的教学水平。教师是高校教学工作的核心力量，肩负着教书育人的重要职责，为国家培养德智体全面发展、具有专业职业技能的社会主义现代化人才。具备较强的教学能力，是高等学校教师从事教育教学工作最基本的要求，也是提高教学质量的基本保证。振兴民族的希望在教育，振兴教育，靠的是老师。

（一）高校教师教学能力发展的背景

教师的教学能力发展，既是高等教育由以量取胜向以"内涵式发展"转变的实际需求，是信息社会、知识时代的必然需求，也是提高高等教育质量

的一项重要的战略性保证。在此过程中，教师的教学能力发挥了最直接、最有效的作用，从而对大学的发展和人才培养产生了巨大的影响。

1. 提高高等教育教学质量的现实需要

高校扩大招生规模，在某种意义上实现了教育的公平性，将高等教育由"精英"的特权转变为"大众"的权力，让更多的人实现了梦想。但是，虽然从国家和社会的宏观角度来看，高校扩招的好处多于坏处，但是，随着高校扩招的实施，它的缺陷也在不断地暴露，而最引人瞩目的就是高校的教学质量不断下滑。高等院校的师资队伍呈现出一种较为年轻的趋势，35岁（含35岁）以下的老师已经成为高校师资队伍中的主力军，师资队伍的总体教学水平不仅对高等院校的教学质量有直接影响，而且对我国高等教育在今后几十年内的总体质量也有影响。正是由于教师在教育与教学过程中起到了极其关键的作用，所以，对其教学能力的评价就更应该严格。

2. 提升高等院校教师教学能力的现实需要

我国大学老师数量的增加，为大学的老师队伍注入了一股新的活力。首先，老师们思想活泼，和同学们的年纪相差不大，可以很快地与同学们打成一片，很容易和同学们形成一种既是老师也是朋友的关系。其次，教师具备较高的专业素养、学习能力、较强的创新能力等。但是，优点并不能弥补缺点。在招生不断扩大的情况下，高校的老师与学生比例已经出现了严重的失衡，因此，迫切需要扩充教师队伍。尤其是一些新成立的大学，为了缓解师资短缺的问题，很多年轻的老师一离开大学就进入了课堂，缺乏丰富的教学经验。此外，老师，特别是那些从非师范院校毕业的老师，因为在他们还是学生的时候，没有接受过关于高校教学的系统和完整的训练，所以他们在教学理论、教学技能和教学方法等方面的知识都非常匮乏。另外，由于工作紧张，使他们在工作中转变得比较缓慢，工作态度上也没有表现出足够的专业素质，这就是他们普遍存在的问题。在大学里，教学是最重要的。

3. 高等教育信息化发展的要求

在教育信息化的大背景下，学生对新技术有一定的需求，并对新思想有了一定的了解，从而提高了他们运用技术进行学习和解决问题的能力。随着

网络技术的不断进步，精品课程、网络公开课、网络学习资源等得到了快速的发展，使得学生们在网络上开展自主学习与研究成为学习与获得信息的一种主要方式。高校作为学校教育体系中的最高层级，其资金支持比较充足，教师水平较高，因此，高校在信息技术发展过程中，必然要担负起更多的社会责任。在社会需求、学生需求及互联网资源的冲击等因素的作用下，大学教师需要不断提高自己的信息化素质；指导学生运用科技信息转变学习模式，培养运用科技知识来解题的能力；对环境变化、学生变化及信息技术发展的特点进行深入的分析，并在此基础上，探讨将信息技术与教学融合的行之有效的模式，最大限度地将技术的积极效应发挥出来，提高教学的质量和效率，对其他层次的教育、教学模式的改革和发展起到积极的推动作用。

大部分的大学教师都对运用信息技术开展教学抱有积极的态度，并且已经运用信息技术开展了许多的教学实践工作，但是对于如何运用信息技术来有效地提高教学效果，他们还缺少了一些研究意识。由于没有正确认识到 ICT 在教育中应该起到的作用，因此，大学和教师对 ICT 在教育中运用的认可程度较低。大学教师对自己的 ICT 教学能力有很好的认识，但是学校相关部门对其进行 ICT 教学能力的支持和服务还比较欠缺。所以，在信息化的背景下，重视教师教学能力培养的理论和实践研究，提高高校教师的教学能力，是社会信息化和教育信息化发展的需要。

4. 高等教育国际化发展的要求

随着高等教育国际化的发展，我国高等教育已全面进入世界教育舞台，面临着诸多挑战和机遇。在国际性的竞争中，为了获取更多的经济利益、争取更多的学生、提高教育质量和竞争力、争取更大的机会，从高考报名、招生和留学人数变化趋势可以看出，我国高校与国外高校之间正展开一场优质生源大战。这场生源大战不仅在本科招生层面上，还进一步扩展到研究生招生层面上。与国外大学比较，我国大学在国际上存在着很大的差距。在生源竞争、办学市场竞争、人才竞争等方面，我国都处在非常不利的地位，必须在借鉴国外的教育理念、管理经验、教学经验的基础上，不断地提升我国高等教育的竞争力。培养高质量的国际化人才，在很大程度上取决于老师，要求教师掌握如下的教学技能。

（1）对世界上各个国家的文化有一定的认识，并且可以将自己国家的优秀传统文化进行有效的传播。

（2）有较强的国际化意识，能够在课堂上与不同国家的学员进行无障碍的交流和沟通。

（3）建立与复合型人才培养相适应的国际人才培养模式、课程体系。

（4）能更好地获得资讯，把握新科技、新领域的发展趋势，能引领一个领域的发展，提高该领域的竞争能力和魅力。

要增强我国高等教育的国际竞争力，就必须加快我国高等教育在理念、培养模式、教育内容、教育合作和交流等方面的国际化，必须加快推进我国高等教育的国际化进程。

5. 教师专业化发展的要求

大学教师的专业成长是为了提高个体的能力和学术水平，达到教学目标，进而提高教学质量。大学教师的专业发展，不仅关系到学生自身的发展，也关系到整个大学的发展。高校教师的专业成长包括三个层面：专业知识、专业技能和专业精神。然而，我国高校的师资队伍建设却过于注重科研水平的提高，偏离了教学的中心工作。重科研而轻教学的情况并不少见，美国的"不发表就被淘汰"就是一个很好的例子。如何在教师的职业发展过程中协调好教与学的关系，已有不少学者对此进行了探讨。美国卡内基教育促进协会前任会长厄内斯特博耶，在美国高校普遍存在的学术问题上，从学术角度出发，提出学术的概念，即学术可划分为研究型学术、集成型学术、应用型学术、教学型学术。我国"双师"理念的确立，对促进高校教师职业均衡发展起到了积极的作用。教师的教学能力是在进入教师岗位后，通过不断探索逐步提高的。在我国高等教育大众化的进程中，随着师资数量的不断增加，这种状况已难以适应我国高精尖人才的需求。为此，必须在职前培养、聘后培养、职后培养三个层面上，采取行之有效的对策，以保证教师专业发展的平衡。加强大学教师自身的发展，既要有自身的努力，也要有外部环境、政策和措施的扶持和协助。

（二）高校教师教学能力发展的意义

1. 理论意义

（1）加强对教师教育素质培养的基础理论研究。对大学教师的教学能力培养进行研究，是对教师进行教学评估、提高教师素质的指导和依据。在此基础上，通过对高校教师教学能力的评估，进行理论构思与实证检验；通过对教师教学能力的影响因素进行剖析，为教师教学能力的培养提供基础理论依据。我国高校把提高研究能力作为发展方向，究其原因，一方面是受到了国外学校"学术中心"倾向的影响，另一方面是受到国内对教师研究能力评价体系不健全、评价标准主观性强和可信度不高的限制。需要对大学教师的教学能力进行全面的评估，以此为各类大学教师的教学能力发展状况的调查提供可供参考的方法和工具。

（2）推动大学教师成长理论在地方上的发展。大学教师队伍建设的理论研究，大多是对外国经验的介绍和解释。因为各国之间存在着一定的差别，导致了相关理论的适应性不强。因此，需从外国的经验出发，根据本国的情况和区域的特征，进行以实证为主导的研究，以此来推动我国大学教师的教学能力培养理论在国内的发展。

2. 实践意义

（1）政策层面上，提高教师教学能力，是贯彻落实教育规划纲要，加强教师队伍建设的必然要求。

"十四五"是我国高等教育转型、结构调整，实现内涵发展的重要阶段。教师是教育第一线的生力军，因此，提高他们的实际操作能力显得尤其重要。《国家中长期教育改革和发展规划纲要（2010—2020年）》（简称《纲要》）对我国高等教育提出了长期发展的要求，指出了我国高等教育在培养高层次专门人才、发展科技文化、推动现代化建设等方面的重要使命。《纲要》指出，加强人才培养，提高人才培养的质量；加强教师的教学、科研、创新、为社会服务等方面的工作。《国务院关于加强教师队伍建设的意见》对进一步推进"科教兴国""人才强国"战略，加强教师队伍建设，作出了重要指示。《教育部关于全面提高高等教育质量的若干意见》指出，要加强师资队伍建设，教育部和中央组织部共同发布了《关于加强高等学校教师队伍建设的意见》，提出要以"教学开发中心""培训""教学团队""各类活动"和"体制环境"等方式，不断提高教师的职业发展水平，保证教学质量的稳定提高。高校的发展水平在很大程度上取决于人才培养的质量，而这又离不开一支具有较高综合素质、较强实践能力和较丰富实践经验的师资队伍。

（2）从实际的角度来看，在不同的区域，高校教师的教学水平将会得到很大的提升。

北京市教委制定并发布了《北京市属高等学校创新团队建设与教师职业发展计划实施意见》，并对其进行了详细的项目管理。本研究以北京市属高校为研究对象，从北京市属高校选择 50 个左右的创新团队作为研究对象；依托北京大学及其他部属高校，建立北京市级高校师资培训基地，并选择 100 名以上的中青年优秀师资到北京进修一年；每年遴选出 200 余名优秀的中青年骨干教师赴海外师资培养基地、著名高校开展访问、小组学习等活动；在美国、英国、澳大利亚等先进的教育界，设立外籍师资培训中心；与此同时，在全市各高校有计划、有层次地对全体师生进行了全面、系统的教育培训。江苏省教育厅通过"青蓝工程"的形式，从各大院校中遴选出一批优秀的青年骨干教师、中青年学科带头人、科技创新团队，并提供相关的政策和资金扶持。

（3）构建适合高校教师教学能力发展的引力、助力和驱力体系，是提高高校教学和人才培养质量的重要保障。

从国内环境来看，我国高校不断扩大招生规模的现状，已经引起了全社会及政府对高等教育质量的重视。高校师资队伍建设是高等教育质量的一个主要方面，也是高校师资队伍建设的一个重要方面。在扩招的同时，大学师资的短缺问题也日益突出。师资是教育的基础，师资力量的强弱直接关系到一所大学的教学和人才的培养。高校既要在教师的数量上，满足教学的需求，又要在教师的素质上，提升教学的质量，以满足知识的持续更新和高等教育的大众化发展的需求。因此，强化对高校教师教学能力的培训刻不容缓。教师的教学水平是一种检验教育质量的标准。随着我国社会经济的发展，需要更多的高层次、创新型人才，传统的高校师资队伍建设受到了很大的限制。同时，高校教师作为主力军，尽管有自己的优势，但其教学能力发展不均衡，驾驭教学内容，因材施教，脱稿讲课，教学创新、反思及研究等方面的能力都相对不足。针对这一情况，部分大学及时作出了应对。南开大学明确地提出了"把教学领军人物当成学术领军人物，把教学成果当成科技成果，把教务处当成研究课题，把教材当成专著来看待"。通过一系列的改革，强化大学教育，激发大学教育的主动性，促进大学教育的进一步发展。

二、高校教师教学能力的内涵与构成

从 20 世纪 50 年代开始，大学教师的教育素质问题逐渐受到重视。对大学教师的教育素质问题，无论是在理论上还是在实际中，都有大量的研究成果。基于研究需要，下面整理了高校、教师和教学能力的概念和结构的相关研究，并以此为基础对高校教师教学能力的概念、特征和构成进行了定义。

（一）高校教师教学能力的内涵

1. 高校

《辞海》对高校的界定是指大学、高职、高等专科学校的缩写。高校按其类别划分，又可划分为普通高校与成人高校。在培养目标、教学组织形式、教学方法等许多方面，普通高等学校与成人高等学校之间存在着一定的差别，因此，对于教师教学能力的要求也各有不同。为了让本文更具有针对性、适用性，本文的范围被限定在了普通高等学校内部，也就是以通过国家规定的专门录取考试的高级中学毕业学生为主要培养对象的全日制大学、独立设置的学院和高等专科学校、高等职业学校。

2. 教师

《中国大百科全书·教育卷》中对"教师"的定义是："教师"是指将人类所累积的文化、科学知识，以及对学生进行思想道德教育，使其成为社会所需的专门人才。

3. 教学能力

从心理学的角度来说，能力是指成功地完成某项活动的个体心理品质。人的能力往往与其所从事的某种活动相关联，脱离了特定的活动，就无法体现或发展其自身的能力。能力是指主体对于所完成的任务的作用，也就是由主体完成任务的意愿、意志、方式方法、知识和认识等因素组成的一种可以将任务活动向其预定目标转变的动力。主体对任务的理解、主体参与任务的方法、主体对任务理解的态度，这些都是能力的基础。

教师的能力是一个常用的词汇，也是一个相对熟悉的词汇，但是人们对它的界定并不统一。从广义的角度来看，所谓的"教学能力"，就是指一位老师能够胜任自己的教育和教学工作的能力，简单来说，就是传道授业解惑。《教育大辞典》中给出了教学能力的界定："教学能力是指教师在完成教学任务的过程中，能够成功地进行教学工作而具有的一种精神品质，它包括了普通素质和特殊素质。"周川教授在《简明高等教育学》一书中提出："教学能力是指教师从事教学工作时应具备的素质，我们将其理解为实现教学目的、效果所具备的潜力，是教师个人为成功地从事教学工作而具备的一种直观、高效的精神品质。"梁志燊编著的《中国学前教育百科全书·教育理论卷》中，将教学能力分为总体能力和专业技能两种。总体能力是指在教学活动中所展现出来的知识能力，主要体现为对学生状况和个性特征的观察能力，对学生发展的动态进行预测等。专业技能包括语言表达技能、教学组织对事件的巧妙应对等的技能。教学能力是教师教学专长中最重要的一环，它对课堂教学的有效性、学生对知识技能的掌握有着直接的影响，也是反映教师在学校中的地位和作用的一个重要因素。因此，提高教师的教学能力是高校教师专业化发展的核心，提高教师的教学专长是高校教师专业化发展的一个重要方面。

大学教师是一种高度专业化的职业，它所涉及领域的广泛性、复杂性，使得大学教师的教学能力呈现出一种立体、多维度的结构。结合各学者关于教学能力的观点，综合素质这种心理素质是在大学教师的具体教学行为中体现出来的，是在大学教师自身的智力、智慧和从事大学教育工作所需要的知识、技能的基础上建构起来的一种职业素质。从教育学的观点来看，根据教学过程中的各个环节，并结合高校教师自身的特点，教师教学能力包括了知识管理能力、教学组织能力、教学监控能力和教学反思能力。

（二）高校教师教学能力的构成

教师教学能力不仅是一个具有深刻内涵的概念，而且是由许多要素组成的，不是分散的能力的集合。

1. 知识管理能力：教师教学能力的前提

教师知识管理是指以知识管理为主要手段，以信息技术为辅助手段，对教师的隐性和外显知识进行有效管理的过程。在这个过程中，可以实现教师之间的知识分享与创新，从而促进了教师整体的专业发展。可以从以下四个方面来认识教师知识管理：在教育实践中获得的新知识；科技支援：资讯科技；传递和转换：教师掌握传递和转换两个方面，既注重"获得"，又注重"传递"；共享和创造：以共享的方式来推动教师的教学水平，提升教学品质。知识管理的核心是知识的获取、分享、创造和运用。

知识的获取是教师展开知识管理的出发点，教师要对自己的知识结构展开梳理，并以教学实际为依据，形成知识需求。此外，还可以通过各种渠道和方式，充分利用内外部资源，获得多元化的知识。知识只有在共享的情况下，才能最大限度地发挥出它的价值。在知识管理中，共享知识是一个十分关键的一个步骤。教师利用网络、沙龙、研讨会等多种交流方式，与组织中的其他教师一起分享自己所掌握的隐性知识，从而推动学校组织内部知识的流通和更新。在对知识的追寻中，可以寻找新的知识，探索新的规律，积累新的知识，提高知识的价值。知识的应用意味着，在知识的处理过程中，老师不但要学会知识，而且要把学到的知识用于自己的教育和教学，并在课堂上不断地对知识进行补充和修正。一位专业的老师，应当具有三个主要的知识，即一般文化知识、学科专业知识和教育学科知识，对这些知识的掌握与应用，是评价老师专业化程度的最主要指标。因此，教师的教学水平必须以知识管理为先决条件。

2. 教学组织能力：教师教学能力的基础

在教师的教学能力中，教学组织能力是一个很重要的方面，教师是否能够很好地组织好课堂教学，将会对教学计划是否能够按照既定的步骤进行，以及是否能够确保教学质量有很大的影响。在教师教育中，教学组织能力不仅是一个抽象性的概念，还是许多特定要素的组合。教学内容的组织能力是指根据特定教学大纲的要求，结合教材的特点和学生的实际情况，对具体的教学内容进行安排，为教学活动中所需的其他材料进行准备。教学活动的组织能力是指对学生进行科学规划，有效地组织他们进行各项教学活动，将每一位同学的积极性都充分地发挥出来，使他们可以积极地参加教学活动。教师语言的组织能力，主要是指教师的表达能力，通过口头、动作或书面文字，把教师的隐性语言表现出来，让学生可以更好地接受。教师的语言表现能力反映了他们的思想层次，对他们的学习有很大的影响。

3. 教学监控能力：教师教学能力的核心

教学监控能力，就是在整个教学活动中，对其进行持续的检查、评价、控制和调节，以确保教学质量，实现教学目的的能力。教师的教学管理能力可以划分为三个层次：一是教师要有组织地进行教学活动；二是监督与评估教育的实施；三是规范与调控教育的行为。在教学活动中，教学监控能力是最重要的组成部分，体现在教师在计划与实施教学活动、调动学生的注意力、反馈与调节、反省与评价、调节自身的情绪和教姿等方面。而教师教学监控能力的好坏，会对他们的课堂教学能力和发展水平产生直接的影响，这一点已经得到了很多的研究证明。因此，在大学教师的教学管理能力中，教学监控能力是最重要的。

4. 教学研究能力：教师教学能力的关键

教学研究能力是指教师利用一定的教学理论和教学方法，在教学实践中对教学真相、性质及规律进行探索的能力，其目标是要解决教师在教学实践过程中所面临的问题。在教师的教学水平中，教学研究能力是至关重要的。教学研究能力包括创新能力、洞察学科发展的能力、论文写作能力和对学生的理解能力等。教师创新能力是指在现有的知识、信息、经验的基础上，运用创新的手段，使自己在课堂上获得更好的教学效果。洞察学科发展的能力，就是教师在对所教的科目有较高的把握的同时，还可以梳理出该科目的发展脉络，并及时掌握该科目发展的前沿知识。在实践中，教师必须把握学科发展趋势，才能不断地把学科的最新知识注入课堂，保证课程的内容与时代同步。论文写作能力就是老师在论文中将自己的科研成果用文章的方式表现出来的能力。在进行教学和研究的过程中，一定要按照学生的发展规律，对他们进行因材施教，这就需要老师对学生有深入的理解，只有这样，老师们才能更好地理解学生的需要，从根本上提升教学质量。

5. 教学反思能力：教师教学能力的保障

波斯纳给老师们提供了一个发展的方程式：体验＋反思＝发展。反思是指教师将自己的教学活动作为思维的目标，检讨并分析自己所做出的行为决策及其所导致的结果，它是一种通过提升参与者的自我考查水平，从而推动能力发展的一种方式。教学反思是国际上教师教育的主要研究范式和校本教研的一种主要方式，也是教师自我提升教学水平的一种主要方式，它是教师在教学理念及整个教学实践过程中进行反思，获取实际的知识，建立起教学互动的模式。教学反思要兼顾教学的广度和深度，在广度上，主要包括课堂教学（如教学内容、教学方法和策略、教学效果、教学改革等）、学生发展（如成绩、兴趣、能力、学习方法、心理和人格、师生关系等）及教师发展（如专业知识、专业能力、人格魅力、教学提升等）的反思。在深度上，教学反思主要包含了从行为到对其背后的原因进行分析，到从站在社会意识形态的角度对其进行考察，从技术上升到理论分析，从思考到行动研究的实践。教学反思是一个自发的、逐步发展的过程。教学案例研究、叙事研究与行动研究是以教学反思为主导的一种教育研究方式，也是促进教师专业化发展的一种重要手段。

总而言之，教师教学能力并不只是一个单纯的概念，它具有非常丰富的内涵，是由许多要素组成的，而不是简单的堆积。这些要素之间存在着相互关系，并形成了一个有机的组合，即知识管理能力是前提，教学组织能力是基础，教学监控能力是核心，教学研究能力是关键，教学反思能力是保证。

第二节　地方高校教师教学能力发展的理论基础

一、终身教育理论

保尔·朗格朗在《终身教育引论》中提出终身教育的概念，终身教育是未来发展的重要战略。一个人要想真正地学会学习，就不能只关注那些狭隘、死板的东西，而要注重培养自己的理解、吸收和分析的能力，将所获得的知识进行条理化，处理好抽象与具体的关系、一般与特殊的关系、知与行的结合及将专业培训与广泛的知识相结合。

终生教育的基本原理，就是要确保教育的连续性，避免知识"落伍"；根据社会的特定需求和革新目标，调整教育方案和办法；要在每一个层次上，大力培育能够与不断发展、不断变革的生命相适应的新生代人才；广泛动员和使用各类培训工具和资料；使各项活动与教育目的紧密相连。

在终生教育体系中，教师角色的转变是必然的。老师在教学中所扮演的角色，无论是其重要性还是其影响都将消失，因为很大程度上技术媒介发挥了知识传递的作用，然而这必然会加强教育者的作用。学生是一个有自己个性、具有社会学意义的人。教师必须有彻底的理论储备和实践经验，包括普通心理学和智力等，只有这样，才能达到终身教育时代的任务要求。

每位教师都有自己的价值观念体系和衡量事物的标准。教师既要具有良心又要具备能力，其中，良心一方面是理智上承担或对事物状况的认识，对教育过程的认识，另一方面是道德上承担或对于由不同方式行为所产生全部后果的责任承担。

高校教师教学能力发展必须坚持终身教育的理念，要具有学习能力，要教会学生"学会学习"，培养学生更好地适应社会发展。

二、教师专业化发展理论

国内外关于教师专业发展的理论较为丰富，可以借鉴并作为教师教学能力发展的理论基础。

（一）教师专业发展阶段论

国外对教师专业发展的阶段有比较多的研究，福勒、凯兹、伯顿、休伯曼等都有相关研究成果。福勒提出教学关注理论，福勒将师范生的职业生涯划分为四个阶段，即"任前关怀""早期生活关怀""教学情景关怀"和"学生关怀"。凯兹把教师成长划分为生存期、巩固期、更新期和成熟期四个阶段。伯顿的职业发展理论认为，教师的职业发展经历了生存期、适应期和成熟期。费斯勒的职业生涯理论认为，教师的职业发展经历了"职业教育""入门""能力建设""热情成长""职业挫折""稳定"与"停滞""再教育"与"退出"阶段。休伯曼将职业生涯规划归为入职期、稳定期、实验和重估期、平等和保守期、退出教职期。

（二）教师信念论

教师的信念研究主要是 20 世纪 90 年代逐渐成熟起来的。可将教师能力信念的理论作为教学能力发展的理论基础。教师能力的信念又称为教师效能感，包括教师教学效能感和集体效能感。美国心理学者班杜拉提出的"自我效能"的概念。班杜拉认为，个体的动机受到自身效能的作用。个体对自身是否能够获得成功所作的一系列的主观猜测与评判，包括对结果的期望与效能的期望。教师教学效能感与教师管理学生和课堂教学信念有关，教师的教学效能感是"环境—主体—行为"相互作用的结果①。

（三）教师专业学习影响因素理论

美国学者戴依认为影响教师专业学习效果的因素包括：教师的经历、职业发展阶段等个体特征因素，政府和媒体等外部特征因素，以及学校文化、

---

　①梁静，曹海翔.新时代加强高校青年教师党员发展工作的研究与实践——基于清华大学青年教师党员发展工作的探索［J］.思想教育研究，2022，337（07）：155-159.

学校领导、结构支持条件等内部特征因素。

（四）教师专业发展中的关系理论

在高校教师专业发展实践中，人们通常更加重视教师学术水平和教学技能，强调了教师的理性发展，却往往较少关注教师的非理性、个性化、多元性。然而事实上，应当更多地关注教师的非理性与多元化发展。在教育的过程中要关注学生成长的方方面面，增加对学生精神发展的关注，从而促进学生成长。这也就意味着，要专注教师在专业发展中的情感因素，培养与学生之间融洽、和谐的关系。特别是，教学是发生在教师与学生之间的一种交互行为，教师的情感直接影响教学效能，教师情绪不佳会影响教师对教学付出的精力、影响教师对职业的投入程度、影响教师的专业发展。

在教师专业发展的关系理论中，除了教师情感之外，还要特别关注教师合作，迈克·富兰认为教师的专业合作在教育改革中起到关键的作用。符号互动论指出，社会是一个沟通系统和人际关系系统，在教育中，有意义的学习必须是与他人互动的，教学更是如此。教学需要教师与学生之间的充分互动，是教师与学生不断交往、合作和交流的互动过程，是教师借助语言等手段，自己习得社会规范、学校文化和教师文化等有意义的符号，然后形成自己的价值观念、信念、行为规范和行为模式；同时，可以使学生能够习得社会规范、学校文化及知识技能等。彼得圣吉提出了学习型组织理论，该理论强调系统思考、自我超越、心智模式、共同愿景、团队学习五项核心内容。教师在专业发展的过程中要不断学习、相互学习、相互合作，来确保学校作为学习型组织的生命力。

（五）基于实践的教师专业发展理论

保尔、科恩等人以实践为基础，将教学界定为需要在实践中获得知识的一种职业。职业教育的发展离不开对职业语言的掌握和对职业团体的参与。职业生涯教育的基本要求包括实践学习涉及的知识、技巧及个人的态度。需要利用成熟的、可检验的专业分析工具来引导、探究如何教教师。

借鉴保尔和科恩的理论，将教学视为一种领导力，力图选择、发展和培

训课堂的领导者，将"实践理念"融入教师教育的内容和教学法中。教师的教学能力主要是在实践过程中进行能力迁移。

第三节　国外地方高校教师教学能力发展的经验与启示

一、发达国家高校教师教学能力培养的经验

从 20 世纪五六十年代开始，国外高等教育界就掀起了一场重视教师专业发展的活动，美国、英国和日本在这场活动中脱颖而出，都相继形成了一套适合本国国情的培养方案。

（一）美国高校教师教学能力培养

20 世纪六七十年代以来，美国高校越来越重视教师专业发展。教师的专业化发展是加强高校教师队伍建设，保持高校教师队伍活力与竞争优势的关键。在美国，90 年代美国进入教师专业化时代、职业教育时代。美国大学经过长时间的探索，为提高大学教师的专业素质提供了一条新路。

1. 为教师教学能力发展提供了丰富的培养内容

对大学老师来说，课堂教学是最具有挑战性也是最耗费精力的一件事情，也许花费了很大力气准备一堂课，最后收效却不尽如人意。针对这样的情况，美国对教师能力的提升给予了极大的重视，并就提升教学能力开展了比较丰富而系统化的培训，重点从三个方面对教师进行了培养，即综合教学、教学执行和教育科研。

（1）培养综合教育能力。

综合教学能力是指在课堂上，教师应从学生的实际需求出发，统筹安排课堂教学活动的能力。综合教学能力主要表现为以下几方面。

①综合目标，即在课堂上，依据所教的内容，确定所要达到的教学目标的能力。例如，弗吉尼亚联邦大学建立了一个"老师指导方案"，这个方案

可以帮助老师们把学生的教学目标和所学的知识结合起来，为以后的学习做好铺垫。

②能够将教学手段和教学内容有机地结合起来。也就是在课堂上，老师们在备课过程中，依据所学的知识，选用适当的教学方法。例如，南卫理教会大学开设了新老师优秀授课的项目，旨在协助老师在开设课程时，把所学的知识和所教授的知识结合起来。

③将学生的学情和所教的知识相结合，即在课堂上，老师在课堂上依据学生的实际情况，进行选课的能力。

④综合运用科研和教学相结合的方法。这就是在课堂上，教师在做好充分授课准备工作，再把科研成果与自己的教学内容相结合。例如，范得比尔特学院为老师提供了一个将教和学结合起来的培训课程。

（2）培养教学执行能力。

教学执行能力是教师运用一系列的方法，以调动学生的学习动机，满足学生的学习需求，使其达到高效的教学效果。例如，教师在一节课的开头，在课堂上进行开场白，并在教学过程中，指导学生进行讨论、思考；在课堂上，教师要依据教学内容与学生的反馈，选用适当的教学方法与策略。在康奈尔大学利用大纲来记录教学内容，提高学生的参与度和自主能力。美国犹他州大学的师资队伍建设课程中，就包含了反思式的学习观念；巴克内尔大学为老师们所做的一系列的工作，其中就有对他们所做的课程的总结，以及对他们所做的批判的反思。

（3）培养教育科研人才。

教育科研就是运用科学的手段，通过对教育问题的分析和解决，进而揭示问题的实质，探索教育规律，获得科学的结论。美国大学的培养重点是培养学生的问题意识、提高教学技巧、探索研究的能力及让学与教相结合。例如，南卫理教会学院优秀教育中心推出的同侪回馈活动，旨在借由同侪反馈，找出自身教育上的不足，改善教育；弗吉尼亚联大的优秀教学中心向新来的老师们提供了一个关于教学、研究和服务的课程，其中包含了怎样在教学、研究和服务之间取得平衡；巴克内尔的教育中心通过各种活动、课程及各种服务，为新来的老师们提供各种服务，使他们更好地适应巴克内尔的生活，并得到更好的成长。

2. 为教师提供了多种培养方式

（1）成立工作坊和研讨会。

根据20世纪60—80年代的文献记载，美国高校教师专业发展的实践形式绝大部分采用的是工作坊与专题研讨会。专题研讨会以探讨某个领域内的特定问题为主，而这些专题研讨会通常是为老师（特别是新入职的老师及助教）提供有关教育科技方面的训练。刚开始，这两种训练方法因为流于形式，均未取得较好的成效，并受到受训老师的批评。20世纪80年代以来，部分大学改变了"工作坊""专题研讨会"的教学模式，采取了更为多元化的教学模式，如互动、合作等；同时，讲习班和讲座的时长也越来越长，有些还建立了追踪训练效果的追踪机制。改进后的工作坊与专题研讨会，成效显著，逐渐受到老师们的欢迎。

在步入互联网时代后，教师发展组织更是主动地运用互联网的资源，使其成为一种更加便利的教学方式。美国许多大学都在网上开设了师资培训的网页，将课程资源、培训讲座、教育学著作、教育技术软件、培训课程等信息上传到网上，为师资培训提供了更多的学习资源。例如，哈佛将以往的师资训练讲座记录下来，并将其放在网上，让更多的老师可以随意浏览。

（2）实施导师制度。

导师制度是美国高校较为普遍使用的一种促进教师职业发展的方法。一般情况下，专家老师与普通老师（特别是新老师）形成了一种传统的一对一的师徒关系，他们会对一些教学问题、教学理念或教学技巧等展开指导，经过实践的检验，他们的效果会更加明显。导师制度最大的好处，就是它没有任何时空约束，也没有任何的组织方式，因此深受老师们的喜爱。

3. 为教师教学能力发展提供了强有力的保障

美国建立了一套由政府、社会、大学三方共同推动的师资队伍建设保障体系。

（1）政府部门层次。

美国政府在国家层面上，出台了一系列的政策和规定，对大学教师进行教育培训，不仅给予了大量的经费，而且还建立了一系列的教育培训计划。

（2）社会层次。

在美国，有几个著名的基金，如福特基金、卡内基教学促进基金等，都大力资助了教师的教育成长。福特基金的"教育机遇与奖学金"计划，大部分资金用于对老师进行培训，同时还对那些在课堂上表现突出的老师给予奖励。卡内基教学促进基金用于提升教与学的计划，协助老师提升教学评鉴的技巧。另外，在美国，许多职业机构也以各种形式为教师的职业发展提供了保障。例如，美国大学教授联合会可以为老师提供一些很好的指导意见。

（3）大学层次。

在大学教育中，教师的教育素质是最直接、最系统的教育方式。美国大学的系主任和有关的教学管理者在培养教师的教学能力方面给予很大的帮助。

①制订教学计划，包括教学大纲，教学内容，教学时长，教学测试。

②指派指导老师及老师，并向有关人士介绍其背景情况。

③在安排课程的时候，要充分考虑老师的需求。对于以教学为主要兴趣的老师，应减轻他们的研究负担。

美国大学建立了一系列的促进教师职业发展的计划，分别如下。

①实施"教辅计划"，目的在于让广大老师多向同行请教，多找出自己的缺点，掌握好自己的教学和科研之间的关系。

②老师指导方案，让老师们了解学校的教育状况；为老师提供一对一及小组辅导，并对老师进行教育训练；为老师和辅导员提供一个会面的地方。

③透过全国性研讨会、导师制、教学计划、跨学科协作等方式，培养师教界人士的教学技能。

④老师奖励方案，鼓励老师大胆探索，发挥自己的长处。

（二）英国高校教师教学能力培养

高校的教学质量与教师的教学能力及发展有着密切的关系，任何一所一流的大学都离不开一支优秀的师资队伍，它是大学教育的基础和保证。而高素质教师队伍的建设，离不开教师自身的教育素质。英国大学的师资队伍建设在经历了漫长的实践与探索后，已经具有了自己的特点。英国大学的师资队伍建设在国际上处于领先地位，也是当今世界大学发展的一个重要方向。英国大学教师专业成长模式因其历史、地域、政治、经济、文化等特点，在其发展演进中具有许多独到之处，尤其在组织模式、专业标准、课程设计、激励机制及评价方法等方面，均有其独到之处。

1. 完善的政策保障体系

英国大学教师职业发展制度的建立，离不开政府在政策上的引导和支持。英国政府在财政政策、法律法规、组织设置、质量评价等多个层面上，一直在推动大学教师职业发展制度的建立与健全。

2. 明确的组织机构职能

英国的大学教师发展经历从以个体为中心的散乱的学校，到以政府为中心的普及性的、有组织的，有计划的学校，逐渐成为一个比较完善的学校教师发展系统。大学教师专业发展的组织系统由大学教师专业发展委员会、大学教师发展中心、院系教师发展小组和个人组成。

从全国的角度来看，英国高校的师资队伍建设主要由高校学会和优秀教学中心两个部门组成。优秀教学中心在英国各地都设有分公司，其名字和级别各不相同。从层级设置来看，有些是单独设置的，有些是挂靠的。在英国大学一级，承担着对大学教师进行专业化培养的主要任务，分别如下。

（1）在人事部的领导下，为合并各高校的教学单位而设立的一个部门。

（2）以服务部为主导，将各单位，如资讯科技支援中心、图书馆、媒体支援中心等，合并为一个单位。

（3）以教育界和其他组织为主导，进行有关部门的资源整合。这些组织的基本特征包括：具有独立运行的部门，配备了工作人员，提供了经费，并且侧重于各部门之间的合作。

每一所大学的教师发展部门，都擅长将校内有关部门的资源进行整合，共同制订并执行学校的教师发展计划，在此过程中，既能满足学校的需要，又能满足教师自身发展的需要。从这一点可以看出，英国大学教师职业体系的结构层次分明、分工明确，为大学教师职业发展提供了良好的平台。

3．充分发挥专业标准作用

任何一个行业，其专业化的发展，都必须有相关的专业规范来引导。同时，大学教师的专业化发展也需要以教师的专业化发展标准为导向。英国大学的教师职业发展体系在其价值导向方面，强调为其提供一种综合性的、持续的、服务的职业规范。英国大学教师专业发展的基本理念是：以综合素质为核心，重视对教师进行全方位、可持续的教育服务，以促进其专业发展。英国高教协会是职业发展规范的制定者，它致力于为大学教师的职业发展提供全方位的服务，并在职业生涯的各个时期对大学教师进行专业化的指导。

（1）强调对教师实践能力的培养。

大学教师的教学行为既有很强的理论性，又有很强的可操作性。从静态上看，教师在课堂上的解题能力是以教学实践知识的形式体现出来的。专业发展标准十分注重教师教学实践知识的培养，在这一方面，专业发展标准花费了大量的篇幅，对教师的教学实践知识进行了详细的说明。

（2）强调"以学生为本"。

英国大学教师职业发展的标准，是指在活动范围内，为学生创造适当的学习情境，并开展课程开发，为学生提供支持，开展有效的学习，并为学生提供反馈。从教师的核心知识来看，教师不仅要有学科知识，还要有关于学生是怎样学习的知识，这种知识不仅包含了学生怎样学习一般学科的知识，还包含了学生怎样学习特殊学科的知识，以及学生怎样进行有效学习的评价。值得注意的是，该标准将教师的专业价值观列为大学教师专业发展标准中的一个重要维度，还指出教师应当尊重个体学习者，尊重学习者多样的学习环境，鼓励学习者的参与和相互之间的平等。

（3）重视大学教员的科研与实践。

大学教师不仅肩负着教育、科研、服务社会等重要职责。为此，《职业发展规范》一书还专门为大学教师制定了不同的学术探索与社会服务指数，以推动大学教师的学术探索与实践。

4. 多元化的培训形式

英国大学师资计划中的培养方式是多种多样的，在长、短的培养计划之外，还开设了单元教学计划，一些师资发展中心还出版了一些训练教材。英国大学的教师职业发展计划主要采取讲座、研讨会和咨询等方式进行，而研讨会是最常用的一种方式。例如，爱丁堡大学教育、学习和评价中心，以"中心"为基础，开展了一系列与教师、学生的学习准备和基础技能培养等相关的课程。另外，它所采取的运作方式，是提供资料及出版物，发表与教学相关的新闻简报，颁发大学教授学位证书，举办教学论坛，每年举行学术研讨会，召开高等教育研究讨论会，实施校长教学奖励，以推动有关人士的职业成长。英国根据大学教师的不同种类，为他们的专业发展制订了不同的计划，这使得教师的专业发展计划更具针对性，也为新教师、学术和研究型教师和与学术有关的教师的职业发展带来了新的机遇，并且根据他们自己的需求，为他们的职业发展提供了更多的计划。英国在重视新老师的成长和职业发展的同时，也十分重视资深学者的持续发展，并为大学中老师的职业发展提供了丰富的机会，还为大学中的团队和个体提供职业发展计划，力图通过提升个体的职业发展来实现自我发展，为高校的科研和教学工作作出自己的贡献。

5. 扎实有效的激励机制

英国大学教师的专业成长之所以能取得如此突出的成绩，与其积极的鼓励和推动机制是分不开的。英国高等教育对教师职业发展的激励是由高等教育协会、英国大学教师发展组织和英格兰高等教育基金理事会三个组织组成的。通过资金保障教师参加培训，满足其精神和物质的需要，推动其专业发展。

（1）优秀教师奖励。

英格兰高教基金理事会已经建立了一个"教学品质进步奖"，用来表彰在教学和学习策略上作出贡献的人。各高校每年都要向英格兰高教基金理事会报告其对提高教学品质的奖励。高教资助委员会为各个学院学与教的发展提供了相当多的资金，以鼓励学生和学院的创新精神。例如，运用支援发展的学习及教育策略实施分配计划；有选择地对 74 个优秀的教育中心进行投资；推行全国教育奖励计划，以鼓励个体的创新。

（2）国家教学奖学金计划。

"国家教学奖学金计划"（NTFS）是英国高校自 2000 年起设立的一项奖项，其目的是表彰优秀的学生和老师。2000—2003 年，这个数字每年为 20 个；到 2004 年，这个数字已增至 50 个。获奖者包括资深教师、新秀教师和教学支援工作人员。自 2006 年起，英国高等教育协会颁布了一项新的全国教育奖励计划，包括科研课题奖和个人奖。

（3）教育和学习发展基金（FED）。

为了支援高校教与学的发展，并在大学各院系之间推广好的教与学的做法，英格兰就业部和大学资助委员会于 1995 年联合设立了教与学发展基金。所有通过了教育品质评定，并取得卓越成绩的高校，都可以提出此项发展资金的申请。

6. 切实可行的评估方式

在大学教师职业发展制度的构建中，对其进行监控与评估是十分必要的，英国的大学教师发展中心就是一个对其进行监控与管理的机构。从开发计划的制订，到开发计划的执行，都有相应的人员进行监督和指导。在高校教师专业发展过程中，要对能够提供这项服务的人员和部门进行监督和指导，并采用经费审计和质量评估的方式，保证高校教师专业发展的质量。

国外大学师资队伍建设的经验与启示已逐步被理论界和实务界所承认，具有某一专长的师资队伍将会长期占据相应的位置。同时，由于认识到了教师的教育及学术能力的重要性，教师发展组织也逐渐将教师的队伍列入了发展规划。这一职务促进了各学院及教师发展组织间不同专业的学术及教育交流。

总而言之，在世界高等教育的发展和改变中，持续地对大学教师的资质和能力提出了新的、更高的要求。在此过程中，教育学术的发展和制度的构建也需要大学教师像律师、医生等特殊职业一样，持续地发展。美国、英国、加拿大等国家的大学，在其自身的发展历程中，逐渐建立起一套符合自身国情、自身特点的大学师资培养体系，为我国大学师资培养体系的建设与完善，提出了一些新的构想。

二、发达国家高校教师教学能力培养的启示

教师教学能力素质的形成往往依赖于工作岗位上的不断探索。要想提升大学教师的教学能力，最重要的是要在大学中构建一套有利于其成长的激励机制。前面内容的分析，对我国高校教师在教育教学中的应用具有一定的借鉴意义。

（一）规范教师培训体系，构建政府、社会和高校三级联动的教师教学能力发展的保障系统

1. 政府层面

国家应通过立法和规范，促进大学教师教学水平的提高。我国的教育方针、政策对教师的教育教学水平起着重要的调控作用，而高校的教育政策则是对高校教育工作的直接指导。一国的高等教育政策，是大学教师教学能力提升的宏观环境要素，为教师教学能力的提升和发挥提供一定的政策保证。基于对大学教师的基本权利和义务，反映出了国家和社会对大学教师最基本的需求。

国家为大学教师提供有关的教育培训计划。我国政府在培养大学教师方面实施的计划比较缺乏，而美国则通过实施多种方案，例如，"未来师资培养""新人培养"等，使大学教师获得更多的教学经验，所以，我国需要学习美国的经验，在大学里设置更多的教学技能培养方案，并让大学里的老师们主动参与，从而在实际的工作中提升自己的教学技能。

2. 社会层面

提高大学教师的教学水平，社会对其的支持是不可忽略的。首先，在国

内，以校企联合的形式，使大学智力资源流动到企业，并与企业的生产技术进行融合，为企业的创新、发展提供技术支持、人力资本。同时，企业的高层、高级工程师等也可以预先介入大学的培训，充分发挥大学与企业各自的优势，双方相互促进，达到学校与企业双赢。但是，在教学中，学生实践的机会却很少，实习的时间也不长。其次，社会对大学的支持，主要是以基金会等形式，例如，"霍英东基金"等，对大学中的杰出老师给了了一定的奖励，从而激发老师的学习热情，促进教师教学水平的提升。但是，我国针对高校教师教学能力发展的社会支持体系尚不健全，因此，应当学习发达国家的成功经验，整合社会中的各种支持力量，逐步完善高校教师教学能力发展的社会支持体系，为教师提供强有力的支持。例如，从广大教师的需求出发，建立更多的为教师服务的教育基金，在资金上给予大学教师支持，为他们教学能力的提升提供更好的资金支持，确保他们可以正常地开展各项教学工作，推动大学教师在教学方法上的改善和职业的发展，不断地提升他们的教学水平；建立更多专门为大学教师的教学而设立的机构，例如，学会、协会、联盟会、委员会等，利用这些机构所制定的有关规范，对大学教师的教学进行有效评估，从而使他们可以把自己的知识和学生的需要很好地结合起来，保障教学质量；为教师提供教育活动的资金，以确保他们能更好地提高自己的教育水平。

3. 高校层面

学校应在多个层面上为广大教师提供物质与精神上的支持。大学是提高教师教学水平的主要场所，应对其进行科学指导。

加强师资队伍建设，提高师资队伍素质，是师资队伍建设的关键。在我国，学校的领导们并没有充分地关注教师的教学能力，有些老师一入职就直接担负起了教学任务，有些老师一学期还得负责好几个课程，这就造成了老师的教学能力无法充分发挥出来。为此，学校管理者应该对教师的教学能力给予足够的关注，例如，在新老师开始工作的时候，要对他们给予正确的指导，及时给予适当的协助，使他们能更快地适应新的工作环境；要根据教师的具体需求，逐步提高他们的教学水平。

　　为了提高师资队伍的整体素质，必须加强师资队伍建设。我国大学的软件和硬件条件还不健全，无法适应大学教师的现实需求。为此，应借鉴西方大学的先进经验，建立多种指导机制，如教学中心和教师学院，以促进教师教学能力的提高，为教师教学创造一个更好的工作环境。还要注重教师教学的软件平台，例如，为教师提供教学资源，为教师提供在线教学指导，为教师备课、上网查找资料，提供帮助。

（二）丰富培训内容，满足教师的多样化需求

　　当前，高校教师在教学整合能力、教学实施能力、教学研究能力、教学创新能力、教学理解能力等方面都比较欠缺，教师教学能力的发展也比较不均衡，大学毕业生的知识和眼界不断扩大，未来他们的综合素质也会不断提升，这对大学教师的教学能力提出了更高的要求。

1．提高教师的教学整合能力

　　我国大学中的教师在教学整合方面存在着较大的不足，特别是新老师，他们在准备课程的时候，不能够很好地将教学目标和教学内容结合起来，无法掌握教材中的重点和难点，仅仅是根据课本的内容来进行教学。在课堂教学中，教师不能根据学生的具体情况来制定教学目标，教研一体化程度较低。为此，国内的大学要对教师的教学准备工作进行更多的引导，例如，制定教学目标，选择教学内容、教学方法和策略，对教学情境进行预测，并将教学目标、方法、情境与教学内容进行整合。

2．提高教师的教学实施能力

　　我国大学教师在教学实践方面存在着很大的欠缺，主要体现：在课堂上，他们的引导能力相对较弱，在引入过程中无法激发学生的学习兴趣和学习热情。在教学方法的运用上，主要体现在：不太重视教法，不重视学生的接受程度。一些老师在进行教学的时候，不懂得应该怎样去转换自己的知识或者能力，无法使用正确的教学方式。例如，不能循序渐进地将教学内容传达给学生，教学活动经常与教学目的相去甚远。我国的大学教育中，还存在着"灌输式""单向"的教育方式，这极大地影响了师生的互动和沟通，在实践中，教师的"主导"变成了实践中的"主宰"，而学生的"主体性"往往被忽略，成为实践中的"客体"。在培养教师教学能力的过程中，我国高校要有针对性地对教学中的一些现实问题进行引导和培训，例如，课堂引导方式、教学方法的运用等，在需要的时候，培训者可以亲自进行示范。

3. 提高教师的教学研究能力

大学教师进行科研工作的总体气氛不是很好，科研工作不够深入，基本为零。一些教师的主要精力并没有放在教学上，只是为了完成教学任务而应付工作，缺乏对教学问题深入研究的兴趣与积极性；也有些老师在主观上有着进行教学研究的意愿，但是在客观上却有心无力。一方面，他们无法获得更多的教改课题研究的机会，另一方面，他们本身从事教学研究的能力也不强。因为没有进行过或几乎没有进行过教育科研，所以很大一部分的教育科研水平没有得到提高，教育质量无法得到保障，更不要说进行教育科研的改革了。在大学中，要鼓励老师们开展教学研究，让他们对所教学科的发展前沿有更多的认识，并在此基础上探索出更多的教学规律，以所教的对象为依据，找到更多与自己相适应的教学方法。

4. 提高教师的教学创新能力

在国内的大学里，有部分老师会把注意力集中在对授课形式的选择上，而很少去关注教学内容的创新，也有一些老师在上课之前根本就不会去思考这两个问题，可以看出，老师们的创新能力还需要进一步提升。例如，在多媒体的应用方面，一些老师对多媒体的应用表现出"一概而论"的偏激，主要体现为：把课本上的文字资料直接转化为课件内容，使多媒体课件成为教科书的复制品；过于注重多媒体课件的直观效果，这会使学生的学习兴趣受到干扰；对重点和难点的重视程度受到削弱，从而影响到了实际的教学效果。所以，应该鼓励教师使用现代教育技术，并将其与教学目标和教学内容相结合，对自己的教学内容、教学方法、教学风格进行创新。

（三）拓宽培训渠道，培训形式多元化

发展途径是大学教师教学能力培养的一个最基本的层次，不同的发展途径对大学教师教学能力培养有很大的促进作用。大学教师教学素质的培养途径有待于进一步完善。

1．采取集体发展和个体发展相结合的方式

从发展的尺度上来看，我国大学教师的教学能力是以群体发展为主体的，可能存在着一些问题。应当学习先进国家的做法，为教师提供个人和群体两种发展途径。群体发展有助于营造和谐的气氛，如工作坊、西明纳等，让老师们尽可能地有更多的机会来分享自己的教学经验；个人发展就像是心理辅导一样，我国应当更多地为教师提供心理辅导，这样就能在他们的教学过程中，及时地获得他们的帮助。

2．采取外部促进式发展与内部提升式发展相结合的方式

在大学教育中，不仅要为教师提供多样化的培养途径，还要注重大学教师的自我培养。对教师而言，好的培训是提高其教学能力的重要途径，所以，培训的内容要有针对性，既要有理论知识，又要重视教学技能的培训。外部促进式发展，不仅要起到导向的作用，还要起到监督的作用；内部提升式发展也是必不可少的，例如，为教师提供多种形式的教学反思活动，既可以让教师在此过程中，找到自己在教学中存在的问题，又可以与同行进行互相的学习。只有通过外在的推动和内在的提高，才能使教师的教学能力得到有效的提高。

3．采取职前培训与职后发展相结合的方式

我国大学教师在培养过程中，更多地侧重于"职前"的培养，如各类"岗前"的培养，培养方法比较简单，有些还只是一种形式，并没有取得很大的成效。一般情况下，新老师在上岗之前，都会接受一些短期的培训，以考核或者总结的方式，让他们在上岗之前，先上一堂"必修课"。但随着时间的推移，这些培训已经跟不上老师们的发展，一些学校也就不会再组织这些培训了。在学校教育中，由于其时间短、阶段性强、形式化

严重等特点，给师资队伍建设带来了很大的困难。为此，需要借鉴国外先进的教育经验，在教育教学中同时兼顾教育和职业教育的培养。一方面要拓宽教师的职业发展路径，不限于培养，例如，研究生助教、未来师资培训等，为其职业生涯打下良好的基础；另一方面，在职业发展的过程中，应该采取更多的培训形式，例如，开展各种职业发展项目，各种形式的研讨会、工作坊、指导、培训、咨询、餐桌讨论、反思等，为教师的职业发展提供良好的保障。只有采取职前培训和职后发展相结合的方式，教师才能获得更大的发展。

（四）注重激励，增强教师的主动性

1．建立教师教学激励机制

要想让教师在课堂上发挥自己的作用，就要制定合理公平的分配体系，并在此基础上构建起一套有效的激励机制，以促使教师不断地提升自己的教学能力。建议把老师的教学质量和工资的分配联系起来，根据教学质量的优劣来决定工资的多少，例如，教得好的老师就会得到更多的薪水，这样就可以激励老师主动地提升自己的教学水平，进而提升教学质量。另外，还可以把教学与教师的评价、晋升挂钩，提高教学在评价中的比例。对于教学的考核，并不局限于教学的工作量，还要对教学的质量、教师的教学水平等展开考核，从而综合地对教学进行评价。通过建立各种激励机制，使教师在工作中能够更好地发挥自己的作用。

2．改变培训观念，从对教师的培训和管理转向发展和服务

大学教师作为一门学科的专业人士，对学科的知识有深刻的理解与掌握，在知识的发现与创造过程中，需要外部的激励与恰当的协助。在此背景下，发展与服务对于提高师资的水平及满足师资需求，比训练与管理更为有效。

我国大学对师资的培养主要是以义务为导向的，由于缺少对师资需求的认识和关注，导致师资培养的成效不佳。对于新入职的教师而言，培训的课程内容不能反映并解决他们在工作过程中所遇到的问题。此外，培训的方式

属于单一的课堂讲授，具有太强的理论性，缺少可操作性，这与大学教师是一个成年学习者的特征不符。究其原因，是对新老师需求的认识不足，以及对新老师的服务观念不强。

第四节　地方高校教师教学能力的培养途径

高校教师教学能力培养应是多方全面参与的过程，至少要由教师群体、高校及政府三方共同努力。首先，坚持"自我发展"，这是提高教师自身教育素质的基本方式；在这一过程中，教师要树立起坚强的师德信念，并一直保持这种信念。不断提高自主学习的能力，并在教学实践活动中不断进行教学反思。其次，高校应搭建更科学合理的管理制度框架，给教师提供一个提升教学能力的良好平台。在这个过程中，尤其要注重教学与科研管理制度建设、教师培训与提升制度建设及教师评价与考核制度建设。最后，政府要提供外部政策保障，这是教师教学能力提升的重要外部动力。尤其是在完善教师保障体系和加大财政投入方面需要做出更多的努力。

一、教师自主发展，教师教学能力提升的根本途径

提高教师的教学水平，需要多方的努力，但是核心主体就是教师这个群体本身。刚从校园走上教师工作岗位的年轻人，往往有着十分高涨的工作热情，却缺少实际工作经验，在教学实践工作中找不到抓手。所谓新手上路，必先明确方向，新教师必须要把不断提升自身教学能力作为教师专业发展的重要目标和方向。

（一）确立坚定的师德信念

党的二十大对教育提出了新的要求，在新的历史条件下，"立德树人"已成为一种普遍的教育理念。大学老师是高等教育和立德树人的实践者，以立德树人为己任，首先就应树立崇高的职业理想和道德信念。

1. 树立崇高的职业理想

职业理想是高校教师职业生涯的长远愿景，树立崇高的职业理想，就会做好科学合理的教师职业生涯规划，同时会生成强烈的社会使命感和社会责任感。教师职业理想需要经过教师的教育教学实践来实现，这就要求有过硬的教育教学本领，以及教育科研本领，从而驱使教师认真钻研教育教学业务，刻苦学习和探索教育科学理论，努力开展各项教学内容、教学方法和教学手段的改革，在教学活动中关心和爱护学生。

2. 建立崇高的道德信念

作为一名大学教师，其道德信念是非常重要的。与其他社会工作相比，教师职业具有很大的特殊性，它除了注重教学专业水平外，还需要有一种高尚的道德信念，否则，其培养出的学生质量就会让人萌生疑问。道德信念并不能直接用来评价教育水平和教学能力，提升教学能力也不是直接通过建立道德信念的途径来实现的，但是绝不能忽略和轻视其对教师教学能力提升的隐性影响。因为只有拥有了崇高的道德信念，高校的教师才会根据自己的师德信念，根据国家要求的高等教育目标，来确定自己的教育目标，从而做到严于律己、严于育人，才会将青春奉献出来，全心全意、尽职尽责地投入高校的教育教学活动中。

（二）提高自主学习能力

高校教师要不断提高自主学习能力，这是提高教师素质的基本方法。对于一名老师来说，拥有高尚的教育理想和先进的教育观念，是圆满地完成一项教学工作的基本途径，能够对教学手段与方法进行灵活、合理地应用；是一种最基本的途径，而掌握了最先进、最前沿的专业学科知识和教育理论知识，是高质量地完成一项教学工作的根本保障。这就要求老师持续地进行自主的学习，从而提升自主学习的能力，这是教师开展教育教学工作的一项必然要求。教师只有通过对本专业领域前沿知识的不断学习、积累，才能在教学过程中把前沿知识传授给学生。

1. 提高业务知识的学习能力

我国进入高等教育大众化以来，高等教育规模迅速扩张，大量高素质的年轻人进入了高校教师队伍，成为高校教师。这些老师通常都拥有硕士及以上的学历，有着深厚的专业知识、较高的工作热情和良好的学习能力，甚至还有很多教师具有海外留学的经历，有着更为广阔的视野。但是，这些教师当中系统接受过教育学专业训练的人不占多数，大量的教师由于刚刚接触教育教学工作，对教育教学基本理论、基本方法、基本手段的掌握不够专业和细化。那么，加强这些方面的自主学习也就成为必然要求。教师的思维较活跃，通过加强学习，在进行教学的过程中，可以不断地对教学手段和方法进行创新，以一种崭新的教育理念去达到更好的教学效果。

2. 提高专业发展的学习能力

教师刚开始从事教育工作时，缺乏教学经验是一个不可避免的过程，如果不能很好地把握这个过程，就会让教育内容显得乏味。有些老师并不善于与人进行沟通，所以在教学时，就会缺少与学生的互动；如果没有足够的互动，会导致教学变得更加单调，对学生的学习兴趣造成一定的影响。此外，在新的教学模式中，受新的老师、新的环境等因素的影响，也存在着"重科研轻教学"的现象。学校在引导教师的过程中起着基础性的作用，如何积极地处理好科研与教学之间的关系显得尤为重要，如果不能妥善地处理好两者的关系，必然会导致自身教学能力的停滞。总而言之，教师要一直保持对自己专业发展的学习能力的提升，并且要对自己的优点和缺点有一个清晰的认知。只有在自己的教学实践中，不断地学习和总结，才能逐渐地提升自己的教学能力。

（三）进行教学反思

教学反思是提高教学能力的根本，是教师开展教育教学研究最直接、最有效的突破口，能够克服教师在教学过程中的思维惯性，有利于提高教学能力。英国的瑞查德、美国的斯考恩等人都提出，教师要根据自己的实际情况，灵活调整自己的知识结构，以提升自己的教学水平。只有促使老师们形成自觉地进行教学反思的好习惯，并在教学实践中不断地体会、追问和总结，才能逐渐地掌握教学的规律，提升自己的教学水平。

1. 拓展教学反思的内容

通常情况下，教学反思的内容比较多，只要是在教学过程中发生的事情，都可以展开教学反思。对教师而言，最重要的是对自己的教育思想和教育实践进行评价、反馈与调节。利用教学反思，对自己教学过程的结果进行总结，发现自己在教学过程中存在的缺陷，进而达到提升自己教学水平的目的。为此，教师应积极扩大教育反思的内涵。在此，可以将教师的教学反思分为以下四大类。

（1）写一篇自我反省日志。自我反省日志是一种最简便、最切合实际的自我反省方法。通过梳理自己的教学手段和方法，观察学生在教学过程中的不同反应，能够最直观地评价自己的教学水平。

（2）现场教学的指导。大学应给予老师更多的旁听机会。观摩教学为教师提供了一个良好的反思环境，促使教师在成熟教师和骨干教师的课堂上吸取营养，自由地学习教学方法及手段，在观摩教学后与其他教师分享与反思观摩教学经验，为提高自身教学水平提供理论和实践参考。

（3）对课堂教学的探讨。讨论教学的本质就是把个别教师的自我教学反思转变成教师群体的集体教学反思，通过讨论教学，把个人思辨式的反思活动扩展到全体教师的反思，使之成为教师自身发展的一种重要的内在动力。

（4）开展行动研究。这也是一个学习型组织的重要特征，在不同的高校教师群体中开展教育教学反思，可以设定具有不同侧重点的引导指向，引导教师反思教学过程，甚至是职业生涯，有目的地改进教学策略和职业发展策略，进而促进教学水平的提高。

2. 教学反思应保证其连续性

对于刚投身于人才培养事业的老师来说，他们的职业还处于初期，对自己的职业、业务的认识还不够成熟，这时的他们就会对自己的职业生涯进行一次自我反省，从中找出自己教学工作中的缺点；对自己的教学理念、教学方法进行全面的反思，查看自己对教学的态度、对学生的态度、所表现出的言谈举止、情绪是否符合学校对人才培养的要求，并解决出现的问题；通过实践来对自己的教学技巧进行测试和改进，提升自己的教学能力。教师只有不断地实践和反思，才能不断地提升自己的教学实践能力。反思是一项持久的工作，不能一蹴而就，而要长期坚持。

二、构建学校制度，为教师教学能力提升打造良好平台

教师教学能力的培养，固然要靠教师团队的努力，但也离不开学校的重视和支持，以及所采取的措施。大学构建了一个组织架构，为教师提供了一个提高其自身素质的重要平台。此外，科研能力的提高、实训体系和考核体系的建立，都应该成为高校制度的重要组成部分。

（一）教学与科研管理制度建设

高校教师水平包括了其教学水平和科研水平，两者的组合形成教师的专业发展水平。由于学校制度的不同，教师的行为也会发生变化。大部分高校的师资队伍建设都呈现出明显的偏向科研的趋势，这无疑会造成教师过于注重科研而轻视教学的现象，必然会对教师的教学投入情况产生不利的影响。为了扭转这一现状，大学应当建立一套科学的教学与科研管理体系，强调教学工作的重要性，在教学相关的制度设置上，要把教学成果与科研成果放在同样的位置，并在考核与评估中增加教学评估的权重，对教师的教学与科研时间与精力进行合理分配。应该规定教师教学工作量的计算方式，例如，教师在固定时间内需要授课的总课时数等，并且要严格执行，把教师必须完成的最低课时数作为其工作任务是否完成的主要测量点，并应通过学生的期中、期末考试成绩，参加各种竞赛的成绩来反映教师的教学成绩。

（二）教师培训与提升制度建设

教师培训是提高教师教学水平的根本保证，在培训内容方面，要根据教师的需要，对新的科研成果进行归纳和吸收，对培训课程的教材进行更新，同时还要采用生动的教学案例，来增强培训的效果。要强化师资培养和晋升

体系，根据不同的师资培养需要采取灵活的培养模式。在过去的教师队伍建设和使用的过程，许多高校都存在"重使用轻培养甚至不培养的现象"，这就使得部分教师变成"为了教学而教学、为了科研而科研"的机器，把教师变成了工具。为了改变或避免此状况，就需要加强教师培训与提升制度建设，搭建教师教学能力提升的制度体系。

1. 入职前的培训制度

对教师进行入职前培训，是提升其教学能力的主要途径和基本保障。这一结论已经成为提升教师教学能力的一个普遍共识。入职前教育主要是指岗前培训，通过入职前培训，让新入职的教师了解到高等教育与实践教学的有关基础理论，并对大学教师的职业特征和职业需求有一个初步的了解，进而逐步内化，提高自身教学水平。另外，教师基本素养要在入职前的教育中逐步形成，这样才能为教师在实际工作中更好地履职夯实基础。教师岗前培训的内容主要有教师理论培训、制度培训和技能培训。但是，我国大学的教师岗前培训中，自然存在培训内容陈旧、培训人员不够专业和培训形式比较简单的情况，这就导致了培训的有效性较低。为此，需要从如下几个方面进行完善。

（1）对原有的入门训练进行更新，并且进行全面的改革，既要对传统的训练大纲进行改进，又要以现代的教育理念为主，将那些快要被淘汰的老思想，从训练中剔除。此外，应当把大学的校史校情教育和师德教育分别作为两个单独的培训科目，对其进行专项培训，其主要内容的选取，是为了使教师能够对学校的办学状况和办学宗旨有一个清晰的认识，从而使其能够自觉地形成与学校的底蕴和教风相适应的教育观念。

（2）建设教师入职前培训的专门化教师队伍。一般来说，教师的入职前培训都是由学校的人事部门来组织和发起的，同时，人力资源部也会对受训者进行选拔，一般都会从本校聘请几位有经验的老师，或者是某一方面的专业人士，作为受训者。然而，如此遴选的教师具有流动性，不能确保其常年坚守入职前培训岗位，不能形成系统的培训内容体系。那么，建设一支教师入职前培训的专门化教师队伍就变成了一种长期需求。专门化的培训教师应主要进行教学规律研究，在教师的入职前培训中，除了要承担主要的培训工作，还要定期或不定期地组织教师进行教学观摩和教学比赛，并要对教师入职之后的教学水平发展进行检测，并为教师的整个职业生涯提供帮助。

（3）改变过去传统的一讲多听的培训方式，去掉那些冗长而又枯燥的陈旧理论课程，将组织小的教学讨论、命题式的相互点评试讲等形式的活动作为一项创新点，并在师生的互动后让主讲教师给予中肯的评价。

综上所述，要积极推动这些变革，把理论与实际相结合，使大学的入职前训练能够更好地为提高教师的教学水平而服务。此外，还应该加强对教师教学技巧的培养。教学过程是一个知识转化的过程，而教学技巧对知识转化的能力有很大的影响，所以要在大学里建立一个特殊的组织，为教师的教学技巧的培养提供一个良好的平台。除了进行大型专门机构的培训外，还可以在老师平时的教学工作中，进行以强化教师专业知识理论和拓宽教师知识面为基础的小型培训活动。

2. 入职后的培训制度

教师要时刻保持自己的知识水平和教学水平处在高位，并要不断充实，持续提高。然而，面对不断涌现的教育教学的新观念和专业学科的新知识，教师虽然能很快接受并加以运用，但是难免会在教学过程中产生知识更替带来的教学不适感。尤其是当原有的知识体系受到新知识、新理念的冲击时，需要教师不断地内化吸收。人们在面对新事物和新知识时，往往会有一种指导依赖，希望能从更有经验的专家那里获得经验。教师走上教学岗位以后，已经完成了从学生到教师的身份蜕变，虽然有获得指导的强烈渴望，但是靠自己很难实现。在这种矛盾下，教师的入职后培训就会起到很好的作用。从教师入职后培训的功能来看，其不但能满足教师对知识的需求和渴望，还会在某种程度上解决一些职业困惑，甚至是人生困惑。从精神层面来说，入职后培训应对入职前培训进行延展，帮助教师巩固已经形成的教育观，并进行修正和升华，形成终身教育观。从知识层面来说，入职后培训应该更加专业化、多样化，例如，广泛开展教师技能比赛、教学研讨会、素质拓展训练等。有条件的高校可以搞"教师导师制"，让经验丰富的教师作为教师教学能力提升方面的导师，传授经验、指导困惑。有学者对这种带有"现代学徒制"性质的导师制运行实效进行调查，通过调查发现，导师制并没有给老师带来太多的帮助，这与老师的教学任务太多，以及他们的应付心理有很大关系。究其根源，就是他们缺乏帮扶老师的意识和动力。这就需要学校为年长的老师提供适当的激励措施，帮助他们参加教师的训练。

3. 教师的后续培养

高校教师的后续培养是提升其教学能力的手段之一。对于入职一段时间，经历过入职前培训和入职后培训的教师，学校应施行一系列激励和保障措施来保证教师的后续培养工作，从而促进教师培训工作。

在教师入职过渡完成后，学校应当为大学教师的职业发展和能力的提高创造和提供更多的机会。例如，有些高校不但设立了教师发展资源中心、教师专业发展中心，而且还会尽力为教师提供各种补助和奖励，帮助教师建立自己的教学档案；还有一些情况较好的高校还会定期邀请校外专家到学校来为教师们进行专业发展的指导。这样新一代教师不但能分享自己的教学经验，还能得到资深老师的肯定和指点。这些措施和活动逐步构成了一个完整的教师职前和职后的教学能力培训体系，极大地推动了教师教学能力的提高。

在高校教师职业发展的中期，其教学水平与能力趋于稳定和走向成熟，成为高校教学任务的主要承担者。但在其任教 4～8 年后会进入教学发展的"高原期"，在这个时期，教师的职业倦怠情况可能就会出现，教师教学能力提升幅度不大，教育发展处于停滞状态。"高原期"是由各种因素造成的，既有共同特点，也有区别，因此，在开展师资培养工作时，要注意这一点。例如，在培训内容和方式上，可以包括相关的心理培训、新的教育理念的培训等公共的培训，也要有一些小的、针对不同群体的差异化培训；在训练方法上，采用了教师间的交流与反思、专家的授课与个别辅导相结合的方法；在培训的时间上，要经常开展有关的活动，使教师度过教学发展的"瓶颈"，朝着更为成熟的教学能力的稳定阶段迈进。另外，在我国高校教学管理中，可以学习和借鉴先进国家的教学管理模式。例如，可以参考美国大学教授职业发展的做法，尝试在我国大学里进行"带薪学习假期"的试点。21世纪，随着我国高等教育的普及，大学的发展速度越来越快，部分大学尝试了学术假期，或者是与其有关的一些管理规定，但实际执行起来并不多。因此，可以指导学校放松对学术休假的限制，规定教师在工作到一定年限后，有权向学校申请一定期限的带薪学术假期，并利用假期进行访学和学术提升，从而得到及时参与教学反思和进修的机会。当然，假期的利用应以慢节奏为主，以此来缓解进入教学发展"高原期"教师的发展之困。

（三）教师评价与考核制度建设

教师群体相对于其他社会群体来说具有一定的特殊性，对于教师的评估，既有教师自身的特点，也有教师工作的特点。在评价体系的建设上，要有灵活的、有弹性的定量评价指标和评价方法，要考虑高校教师在空间上的拓展性和时间上的延续性，要从"教"和"学"两个方面，做到"教"与"学"的协调统一。总的来说，对教师进行评价是一项十分重要的工作，建立科学合理的教师评价与考核制度将会对促进高校教师提高教学能力产生重要作用。

1. 教师评价制度建设

（1）要建立由重科研转向教学与科研并重的教师评价导向。在高等教育的三大职能中，培养人才还是其根本使命，也是高校的基本任务，所以，高等学校应始终把促进大学生健康成长当作自己的工作重点，并以此为出发点和归脚点。但是，过去的学校没有认识到这一点，过于重视研究，在对老师的考核中，过于注重研究的贡献，而忽略了对学生的培养。这种评价导向的出发点，是为了要求老师在完成了自己的教学工作后，去追求自己在科研方面的进步。但是，在实践中，这种评价导向会产生一些错误的结果，让大学里的老师们产生一种错误的职业取向，让他们对科研工作过于看重，而对教学工作漠不关心。从这个角度来说，原有的教师评价导向不利于教师教学水平的提高。因此，要改变高校重科研、轻教学的评价导向，根据学校的实际办学定位，建立起教学与科研并重或者是注重教学的教师评价导向，在评价教师的诸多指标中，让教学成为更重要的一项指标，而且要在评价中重视教学考核结果的应用。在这一前提下，大学可以构建一个更加科学的教师评估系统，从而指导大学教师的教学水平。

（2）确立了评价目标，从最终评估向发展性评价转变。高校的各项工作要进行不断的改进和修订，但要在不忘初心的前提下，坚持与时俱进。对教师的评价工作也是这样，它的目标并不在于对教师工作能力进行检验，而在于让教师通过评价来发现自己工作中存在的问题，从而对其进行改进。但是，目前许多高校的教师评价体系已经背离了其初衷，大多使用终结性评价，并以其作为教师聘任、晋级、奖励等人事决策的基础。这种评价目的会导致评价工作出现走偏现象，对教师进行错误的指导，还会让教师产生对评价工作的抵触情绪，不能真正地运用好教师评价的结果。这就需要高校在对教师进行评价时，将发展性评价当作是其评价的目标，对教师的专业发展和教学能力进行提升，将教师评价转变为一项集激励、引导和教育于一身的教师专业服务体系，以此来指导高校教师对评价的各种结果进行合理的使用，并将其作用于教学质量的提高。

（3）要积极反馈各项教师评价结果。如前所述，许多高校在进行教师评价的过程中没有明确评价目的，因此评价结果的利用不好，大量有用的评价结果被高校的人事部门雪藏和保密，并没有将评价结果和改进意见反馈给教师。可能高校的人事部门更多是出于教师管理方面的考虑来做出这样的工作安排，但是这样做不利于帮助教师改进教学问题和提高教学水平。

2. 教师考核制度建设

与教师评价相似，多数大学对老师的考核也存在着严重的偏向，这种偏向造成了老师们"重研究，轻教学"的情况，对大学老师的科学研究和教育观产生了一些误导。要改变"教师轻教"的状况，就必须建立一套科学的教师考核体系。

（1）在对教师进行考核时，对教学评价的内容有一个清晰的认识，例如，教学工作量是否达到要求，教学质量应该达到什么样的水平，是否有教学改革的可能。特别是对于那些已经成熟的教师，更要在考核中强调教学的重要性，加大教学工作量在教师考核体系中的权重，从而正确地指导教师认识到教学与科研的关系，理顺两者之间的关系，合理分配教学、科研的精力和时间。同理，评估的结果可以与教师的教学业绩及教师的聘用、晋升、奖金的发放挂钩，还可考虑建立一个特殊的教授席位，对教学业绩优异的教师进行奖励。在进行职称评审的时候，也要把重点放在教学上，实行"一票否决制"，无论在研究上有多大的成就，只要在教学上没有任何贡献，就不能晋升，更要严格以"教学水平""教学业绩"为杠杆，打破教师职务聘任中的种种制度壁垒，严格挑选教学能力强的教师到教学一线，做到能者有其位、庸者无其岗。此外，应该强化课堂教学的随机考评，以提高教学的"实际重要性"。

（2）应切实发挥师生评价和教学督导的作用。从教师考核角度来看，多数高校建立了学校、教师、学生三者考核的机制，但是许多参与者在考核过程中占有的权重和分量不同，导致制度实施存在偏差。对教师自评来说，目前存在重视程度不够的客观问题，这也是长期教师自评制度安排不合理的必然结果，那么，如何设计教师自评和自我考核的形式是解决这一问题的主要抓手。学生评价本来应是教师评价的重要一环，但也许是出于学校人事部门管理的考虑，学生评价的结果往往不能成为教师考核的重要关注点，这是在今后教师考核中不应回避，而要主动解决的问题。学校督导是教师考核最重要的手段，也是目前高校普遍采用的做法，而且不少学校还成立了教学督导组。通过对教师的教学情况展开督查，教学督导组能够发现并指出教师在教学过程中存在的主要问题，并提出改进意见、建议和方法，从根本上指导教师解决问题，推动教师教学能力的持续提升。然而，在实践中，督导组的考核存在着从过程性到目标性的偏离，没有充分发挥其功能，今后要努力改进，同时要在考核与督导的方式上进行创新。例如，采用录像观摩督导，将教师的授课情况录下来，让上课教师本人以旁观者的视角冷静地观察和分析整个教学过程，也能使教研组成员在教研中边看边议，依靠教学督导和教学调研对教师的教学质量进行把关。教学督导一方面敦促教师遵守教学规范，另一方面凭借自己丰富的教学经验对教师进行针对性指导。

第五节　地方高校教师教学能力评价研究

一、高校教师教学能力评价体系基本特点

法制是建立教师评估指标体系的根本依据。在教师管理法治化的大环境下，有关教师评价的准则和标准，都要以法律规定的基本任职条件为依据，与有关体制规定相适应。要建立教师教学能力的评价指标，就需要对教师的任职资格和岗位职责有充分的了解，

（一）国家法律、政策的基本要求和依据

《中华人民共和国高等教育法》明确规定：高等学校实施"教师资格制度"。凡遵纪守法，具有研究生或大学本科学历的和相应的教学水平的，并经认定符合条件的，也可以获得高校教师资格证。可以看出，大学老师应具备以下四个条件：已取得全国教师资格证书；有专业知识；有较强的教育、教学、科研水平；有较强的思想道德素质。

（二）高校教师教学能力指标体系的现状与反思

在确立教学能力评估指标体系时，学校的人事部门需要建立相关的基本架构和制度规则，各个院系需要建立详细的指标和具体的实施指南。在考核方面，人事部在进行年度考核评估时，主要从四个方面进行评估：品德、能力、出勤、绩效。而这四个方面的内容，只是一个质的评价，对于高校管理者而言，要对老师进行量化的评价，还有很大的难度。当然，对这四个方面的考核，学校还有很多具体的方法，但往往都是"形式化"的，没有太大的激励作用，更别说促进教师的自我发展了。在这样的背景下，许多大学都将

考核改为评价，而不是对一个人的管理。这种变化很难界定，但却有着非同一般的意义。在此基础上，很多考核内容和指标都可以被具体化，这样在对教学能力进行评价时，就可以进行定量评价，结合之前的定性评价，评价指标体系的类型就比较明确了。

二、高校教师教学能力评价体系设计原则

大学教师的教学能力评价是一种对教师履行职责、形成激励机制的方式。对挖掘教师的潜力，实现教师队伍优化组合，提高高校教育质量有着十分重要的作用。构建科学合理的高校教师教学能力评价体系，需要坚持以下几项原则。

（一）动态性和静态性相结合的原则

静态评价系统是指大学教师评价系统本身必须具备一定的相对稳定性。大学是进行知识生产的地方，而知识生产的规律又决定了作为知识生产者的广大教师对一个长期、稳定的工作环境的需求。对大学教师的考核制度常常直接关系到教师的工资和晋升，而这种一成不变的评价系统，将会造成利益的不均衡和许多教师的浮躁与不满。动态评价系统在评价过程中，要遵循"同质可比"的原则。大学教师按职称可划分为助教、讲师、副教授和正教授；从学科分类的角度来观察，高校教师以所从事的工作领域为依据，将其划分为三大类，即社科类、人文类、自然科学类，还可以细分到哲学、经济学、法学、教育学、文学、历史学、理学等12个学科门类。从职业定位上讲，大学教师可分为三类：教学型、教学研究型和研究型。因为自身知识结构的改变，以及专业技能的发展，高校教师可能会发生职位类型的改变。因此，在选取指标时，要充分考虑评价对象的动态变化特征，并以教师自主发展为基础来设定指标；还要充分考虑教师教学能力评价指标体系的全面适用性与包容性，采用合理的评价导向，设计对不同类别的教师进行评价的机制，从而推动高校教师教学能力和水平的持续提升。

（二）原则性和灵活性相结合的原则

大学教师考核制度作为一种学校的"法律法规"，它的制定与执行都要符合"法律法规"，即规定了科学合理的制度，就要坚决贯彻落实。当然，这并不代表高校教师的教学能力评价体系的运作一定要一成不变，不同类型、不同地区的高校、学院可以根据自己的具体情况，制定灵活运作机制的细则。不分层次、不分类型、不分性质地为各高校寻找一套统一的教师教学水平评估制度，是不明智的。每一所大学在对其进行评估时，都要注意其长远目标和近期目标的统一，并尽可能地减少短期行为带来的负面影响。教师评价的基本目标就是要按照学校的教育思想和教育目标，制定一套对教师进行评价的准则，并且能够最大限度地起到引导、激励、改进等作用，在推动教师个人持续成长的过程中，促使学校持续地强化师资力量的建设与管理，提升师资力量，提高办学效率。例如，文史类院校与理工类院校，国家重点院校与地方普通本科院校，在评价体系的设计、评价指标选取和评价指标权重方面，都应该各有侧重，并进行灵活变化。又如，我国正在大力推动世界一流大学和一流学科的建设，很多院校承担的科研任务较重，因此在评估体系中，科研所占的比重应该比较高。所以，要根据不同类型、不同地区的高校、学院的自身发展状况和实际情况，制定高校教师的教学能力评价标准和实施过程，并对评价结果进行合理的反馈。

（三）系统性和可操作性相结合的原则

在建立教师教学能力评价指标体系时，一定要有层次，从上到下、从国家层面细化到学校、院系，从宏观到微观，层层深入，最终形成一个相互关联的评价体系。在评估过程中，要保证评价指标有一定的代表性，并尽量精确地体现出各项指标的总体特点。评价指标体系、各个指标之间的权重分配及评估标准的划分，都应符合评价的目标和评价方法。各种评价指标的设定和选择，必须遵循科学的原则，要真实反映评价对象的绩效与各种指标的关系。所设定的每一项指标都要有一定的代表性，既不能过于简单，又不能过于复杂，以免出现信息缺失，造成评价结果失真，并且要保证其数据采集相对容易，具体的操作方法简洁明确。在选取指标时，应特别注意其在总体上的连贯性。建立指标体系，旨在为区域政策的制定和科学的管理提供依据，其计算的量度和方法一定要保持一致，将各个主要的指标统一起来，尽量做到简单明确，便于收集，并保证其具有较强的微观性。

（四）奖惩性和发展性相结合的原则

大学对教师进行教学能力评价，其目标是为了促进教师更好地完成教学工作，并找到教师在教学中存在的问题。为责任而进行的奖罚评价，关注的是学校的发展，需要量化数据；为发展而进行的发展性评价，关注个体需要和教育的机制，需要定性的数据。相当部分高校教师教学能力考核评价机制中，教师处于弱势地位，考核与评价的结果往往会导致员工的不满，进而导致员工懈怠，乃至辞职等严重的后果。所以，构建一套健全的高校教师教学能力评价体系，应当将奖罚性评价作为一种手段、激励机制作为一种措施。以发展为目标，将奖罚性评价和发展性评价、定性评价和定量评价相结合，达到教师成长、高校办学水平提高、国家教育事业发展三者之间的双赢局面。

三、高校教师教学能力评价体系改革建议

在高校人事管理体制改革中，对教师进行考核是一个很大的难题，也是一个很重要的环节。基于精细化、分级的管理，建立以绩效贡献、能力水平为导向的教师教学能力评价体系，是我国大学教师教学能力评价体系改革的一个重要发展趋势。在我国大部分的高校中，对教师进行评价，采用了一种将研究和教研成果结合起来的综合方式，评价指标体系趋于一致，没有真正地将不同岗位、不同类型、不同专业的教师进行分类管理和分类评估，缺少对教师职业生涯各个阶段特点的综合考察与分析。针对上述缺陷，加之对国外先进经验的学习，我国高校教师教学能力评价大体可遵循以下变革思路。

（一）树立科学的评价理念，促进教师教学能力提升

1. 树立以人为本的评价理念

"以教师为中心"的教学理念，要充分满足年轻教师的合理需求，尊重年轻教师的个性，注意教师的评价与其个人的成长和发展相适应。注重教师的主体性，倡导并注重教师的自我评价，肯定其工作的努力和进步，发掘其潜能，激励其更好地工作，实现教师价值。教师的考核应该是一个不断完善、展现、精益求精的过程，它的激发和引导作用才能真正发挥出来。

2. 树立促进发展的评价理念

建立评价观念，提高教师的职业素养，激发其职业发展的自觉性。对教师的评价，不是一种自上而下的强制性评价，而是以激发教师的发展需要为先决条件，通过对教师教学行为的诊断，指导教师对自身发展的现状进行深入的思考和分析，使教师明确自己的优势、劣势和发展的潜能，并据此制订出切实可行的发展计划和发展目标。

3. 树立弹性的评价理念

评价是教师专业行为调控的重要手段，过于严格的评价体系，讲究"一刀切"，会产生"高压"的局面，使一些教师丧失了专业的追求，形成了一种"急功近利"的学术风气。因此，必须建立一种有利于教师人格健全、人际关系和谐、教师和谐发展的评价理念。对大学教师的评价不能让他们产生一种人人自危的感觉，从而给他们带来一种心理上的焦虑和沉重的负担，也不能让教师与管理者、教师与教师、教师与学生之间的冲突与矛盾加剧。只有宽严相济，具有一定弹性的评价制度，才能赋予不同发展境遇的教师更大的发展选择权，更好地激发教师的积极性。

（二）坚持正确的评价取向，重视师德评价

教育价值导向是指人在一定的价值观念下，按照自己的实际需求，对自己所从事的教育行为进行选择与评判的倾向。坚持正确的价值观对于大学教师的评价是非常重要的，大学教师具有与其他职业相区别的工作性质。追寻真理是大学教师的生命价值，崇高的道德是大学教师的楷模，这是大学教师的人格特质。大学教师劳动的实质是"育人",因此,其劳动的复杂性、创造性和个体性及其结果的集体性和滞后性,决定了其社会价值必须等到劳动的主体真正融入社会中,对社会作出了一定的贡献之后,才能真正地实现。

对大学教师进行评价时,必须放弃功利,并转为单纯的社会价值,重视"人"的个体价值;要以教师为中心,其基本目标是保障教师的尊严、自由与发展,其价值定位是教师自身的发展。

第四章　转型中的地方高校教师发展体系

第一节　地方高校教师队伍建设的现状审视

一、教师专业发展存在功利化倾向，重科研轻教学

教师的专业发展，不能只以各种客观、可见的物质实体的形态出现，而要构建教师的主观、内隐的精神世界。教师应该被看作是一名有自主意识的教育工作者，而不仅是一名经过专门训练的高级技术人员。我国中、高级教师的职称数量与实际需求之间存在很大差距，职称评审问题成了全校的一个热点问题，很多教师将职称提升作为终极目标，而那些被评上高级职称的教师则会安于现状，对自己没有更高的要求。一些达不到升格指标的老师，在工作中主动参与教改项目，撰写教学论文，以求升格。有老师表示，"科研是检验教师专业水平最重要的一个指标，所以，我们都非常重视自己科研成果的获得和知识水平的提高，而对于教学方面的发展和技术的熟练等问题，我们并不怎么关注，在学校中也没有太大的压力"。教与学之间的"脱钩"，将会使许多教师在职业生涯中出现急功近利、浮躁的心理，进而对职业生涯的长期发展造成不利的影响。有些地方大学只是站在学校的角度上，对教师的专业发展提出了各种各样的要求，但是并没有真正地、深入地去了解各位的教师，也没有为他们的个体发展建立一个有效的、可以相互交流的平台。因此，即便教师参加了有关的培训，他们自己的主观能动性也没有得到充分

的发挥和体现，在教育专业发展方面的话语权没有得到足够的尊重，这会对他们的专业发展产生很大的影响。

二、教师教学模式化运作，教学组织与方法单一

大学课堂教学是鲜活的，但是以学科理论知识为主的地方高校课堂教学多为"传递接受"教学模式，教师以教材为中心，通常采用讲授灌输式的教学方式，以传授系统知识、培养基本技能为目标，师生之间的双向交流不多。许多老师都没有注意到不断变化的教育教学观念，只是依靠自己的实际经验来保持课堂教学，他们仍然采用了课堂讲解式的方式，没有尝试采用多种教学组织形式来对教学进行优化，尤其缺少小组合作、讨论等易于激发学生学习主动性的方式。这种千篇一律的教学行为、统一僵化的教学策略和以不变应万变的教学模式，正在阉割着地方高校课堂鲜活的灵魂。

三、教师服务社会意识淡落，实践教学能力较弱

地方大学走的是"地方性，应用型"的道路，要想为当地的经济发展提供帮助，要发挥当地的优势，使当地的教育资源与学校已有的课堂教学相融合，为当地培养出一批有针对性的专业人才。地方大学中大部分的老师都是刚从学校里走出来的理论性人才，缺乏实际的工作经验。而且地方大学的师资力量整体偏弱，为了满足学校教学需要，大部分的地方大学都不得不加大了老师个人的工作强度，许多老师每个学期都要同时从事三四门课程的教学工作，这就导致了老师的工作强度过大，没有更多的时间和精力来为社会提供更好的服务、对实践教学进行精心的设计，也没有更多的时间来与企业展开合作与交流。另外，一些高校的师资队伍建还没有得到很好的组织，不少师资队伍建设出现了严重的问题。许多学校还没有充分理解产学研合作教育的重要性，在产学研合作教育中，开展的实践活动的水平不高，校外实习基地的数目也很少，在某种程度上制约了老师们在实践中的实际操作，因此还很难满足应用型人才培养的需要。

第二节　加强地方高校教师专业发展的对策

一、提升教师教学能力

（一）知识更新与拓展能力

大学教师需要掌握的知识通常包括与某一学科相关的专业知识、与教育学有关的知识（尤其是高等教育学及高等教育哲学等）、与心理学有关的知识（尤其是教育心理学、高等教育心理学及大学生心理学等）、实践方面的知识（在实际的教学过程中，高校教师所拥有的与课堂有关的情境知识）、基础文化知识等。同时，地方大学的教师要具备较好的教学素质，就必须具备较宽的教育理论、较强的专业背景。在科技飞速发展的今天，新知识的迅速发展，势必会对原来的知识造成一定的影响，因此，地方大学的老师应该具有很好的知识更新和扩展的能力，才能够更好地体现与本学科有关的新思想、新方法、新技术、新成果、新动向等，把学科发展的新动态和新动向带到教室里，引起学生对学科发展的认识和探讨，从而进行创造性的训练，满足社会的变革和经济的发展需求。

（二）实践教学与案例教学能力

实践教学能力是指教师在进行教学的过程中，可以将相关行业、专业的知识技能和实际经验应用到课堂上，并对学生展开实验实训、科技开发创新等实践活动的能力。教师的实践教学能力是建立在其具有相应实践经验的基础上的，包括指导、组织和评价学生进行课程实习、课程设计、课程实验、课程实训、毕业实习和毕业设计等的具体教学能力。案例教学法是指通过对案例进行分析、探讨，使学生更好地完成某一具体教学目标的系统化方法。

二、形成教师的教育反思能力

教师的专业化发展是教师内部独立自主和自我寻求的结果。教育反思能力是指一个人对自己的教育理念和行为进行认知，并对其进行监督和调整的能力。美国的心理学者波斯纳曾提出"不经过思考的教学是一种过溢"的教学，而经过思考后，教师的教学能力将得到提高。在教育教学过程中，不断地进行反思，不断地积累经验，不断地进行自我教育，不断地提高自己的教育水平。通过反思，教师可以把自己的实际经历转化为理论，并通过对实践的总结，使自己的知识系统得到进一步的完善。当地方大学的教师开展教育教学活动时，必须对自身的基本假定和深刻的含义进行反省，找到自身发展的动力、问题和空间。教师的教育反思能力能够确保教师的自我专业成长具有针对性和持久性，有利于大学教师对自己的专业发展始终处于一种自我意识中，将自我的提升和发展变成一项终生的事业。

（一）加强教育思维与情感交融

教育思维是指教育者在进行教育反思的时候，对信息进行处理和作出决定的方法。教育思维可以让教育者知道哪些事件是值得注意的，并从自己的记忆中抽取出相关的信息，然后选择最合适的应对策略。教育思维为教育工作者解决所有问题提供了依据。教师的情感是使教学反思充满真善美的必要条件。教育反思应该以促进人的全面发展为目标，其反思的智慧应该是符合真善美标准的。离开了"教育情怀"，教师在思考问题时就会不知不觉忽略了学生这个主体，就不可能使地方院校的人才培养目标得以实现。"以人为本"的教育反思，主要体现在对成长的关怀、对学习对象的尊重，以及对学习目标的诚挚等方面。

（二）了解教育反思及观察视角

要提高学生的反思意识和反思能力，形成自己的智慧，就必须进行系统的理论学习。根据美国的布鲁菲尔德的说法，反思式的实践过程，其中心在于从一个新的角度去审视自己的思维方式和行为方式。第一，自我反思从一个角度出发，也就是从学生的角度出发，通过自己的亲身体验，可以为职业发展创造更多的素材。第二个从学生的角度，也就是说，老师能够通过他们的眼睛来了解学生对于教育的感觉，了解哪些是他们认可的，哪些是他们觉得被压制的。第三，从同行的感受和经验来看，老师可以将同行当作参照物、顾问或者批评式的好友，与他们就自己的教育问题展开批判讨论，并共同探讨自己的教育。第四，从文献来看，老师可以根据自己的实际工作范围内外的相关资料，来判断自己是否处在其他研究的框架中。在这样的角度下，教师对自己的教育实践进行思考，就能获得更深刻、更持久的职业经验，激发出对人生的探究与追求。

三、完善教师专业发展的制度

地方高校应该不断完善教师专业化发展制度和保障机制，引领教师专业发展的正确方向，让学校变成一个让老师们认识到自己生命中的意义，并从中得到快乐的乐园。此外，一套完善的推进教师专业化发展的体制和保证体系，不但可以为教师提供专业化发展的条件，还可以为学校构建一个稳定、高效的吸收人才的体系，吸引和保留优秀的人才，让老师们有一种真正的归属感和使命感，这对于一个地方大学的发展来说，其重要性不言自明。

（一）发挥教师专业发展中心的引领作用

地方高校建立了一个教师专业发展服务中心，以此来推动教师的专业发展。地方高校应该对教师专业发展的现实需求有一个清晰的认识，构建一个多样化、多层次的教师交流发展平台，为教师的专业发展提供一个系统的支持和专业化的服务。在这个平台上，可以让教师在教学、科研方面进行更多的交流和讨论，从而组成一个教师的专业发展共同体，激发教师的专业活力。针对新老师，可以通过"导师制"等方式，帮助他们迅速树立起自己的角色，深化他们对大学老师的专业身份、工作方式和职业道德的认识，提升他们的教学水平。

（二）有效实施发展性评价制度

在地方大学中，应提倡有利于教师成长的评价体系，由强调"量化评价"向"质性评价"转变，并将两者有机地融合起来，形成互补。在此基础上，

要充分发挥教师的作用，使其发挥更大的潜能，更好地发挥自身的作用。为了更好地发挥教师参与教育教学工作的热情，落实人才培养的中心任务，教育部也在研究关于深化大学教师考核评价制度改革的指南，将遵循深化高等教育领域综合改革的整体部署，对高校人事制度进一步的深化，对高校教师的考核评价工作进行强化和改进，以各种类型的教师的岗位职责和工作特点为依据，对其进行分级、分层次的调整，逐步完善，使其能够对教师进行分类管理和评价，鼓励教学特别优秀的教师向教学型教师发展。

第三节　加强地方高校"双师双能型"教师队伍建设

一、突出要点，明确"双师双能型"教师的长期与近期目标

随着我国地方高校转型发展，"双师双能型"教师总体师资力量相当不足，实践教学环节薄弱与培养社会需求的高层次应用型人才之间的矛盾日益突出，对此，地方高校领导、专业教师、行政教辅人员都应认识到为了引领区域创新型人才的培养，"双师双能型"教师队伍建设形势紧迫、任务艰巨。这就要求地方高校不仅要通过宣传活动创造良好的舆论氛围，形成"双师双能型"教师队伍的内在精神动力与校园文化环境，特别而又重要的是，地方高校需要结合学校师资队伍建设现状，突出工作要点，确定"双师双能型"教师队伍建设的近期目标与长远目标，结合地方高校教师的基本情况以建设一支掌握行业、产业、企业生产核心技术与实践操作技能的数量合宜、结构优化、具有较高层次的"双师双能型"师资队伍。

二、内培外引，拓宽"双师双能型"教师队伍的渠道与模式

地方高校对"双师双能型"教师可谓是求贤若渴，既要建立专业教师深入企业锻炼与发展职业能力的培养与培训制度，同时又要积极从企业引进与聘请人才，扩大实践教学专兼职师资队伍。例如，福建省在试点本科高校向

应用型转变中，提出试点项目，其中"双师双能型"教师占专任教师的比例达到 50% 以上；鼓励引进境外"双师双能型师资"，为企业聘请优秀的技术人才、经营人才为专职老师；有系统地选派教师到企业培训、挂职、实习。湖南艺术学院还建立了四种"双师双能型"师资培训模式，即"企业挂职"，派人到企业，直接参加生产和管理；以"基地实践"为主要形式，在"工学结合"基地进行边教边学；"资质认证"模式，按照专业类别进行培训、考试；采用行业引进的方式，从企业中引入先进技术、先进管理人才。可见，地方高校转型发展过程中，需要通过内培外引以扩大"双师双能型"教师整体数量，提高质量。

三、组建团队，搭建教师产学研有效融合的专业平台与支撑

教师职业特征的社会性决定了教师不可能单兵作战，需要经常性合作与交流。团队是个体为实现某一目标而组成的相互协作的正式群体，在团队中，各成员通过沟通与交流，在充分发挥主观能动性的基础上，运用集体智慧使得预期目标得以实现，达到一己之力难以完成的效能①。"双师双能型"教师的成长并非孤立的，周围的组织环境、学习环境、专业环境、实践环境都会对其产生重要的影响，是同事间不断经过意见交换、感受分享、观念刺激和沟通讨论来完成的。在地方高校转型发展中，需要加大校企合作的力度，通过组建智慧与技能互补、角色与分工明确的团队，有效搭建产学研融合的平台。这样，教师在长效的协同机制中促进其专业理论与实践技能的有效融合，在团队合作与交流的过程中，为"双师双能型"教师发展提供多元的智慧支撑，提升其实践教学能力与水平。

四、有效引领，改革教师激励措施与考评监督机制

地方高校要建立一支结构合理的"双师双能型"教师队伍，必须制定一套在人事制度、分配制度上体现政策导向性和激励性的评定标准。例如，职

---

①张慧丽.专业认同感对高校工作开展的助益——评《自我认同视域下的教师专业发展》[J].中国高校科技，2021，397（09）：98.

称评定时对"双师双能型"教师和其他教师分别制定评定标准。对于获得了
国家注册职业资格或者在国家级的技能竞赛中获奖的老师，应该给予相应的
表彰，尤其是对于工作出色、表现突出的"双师双能型"老师，应该给予特
殊的技能津贴，以激励他们更好地扮演好"双师双能型"教师的角色。在对
"双师双能型"教师进行考核的时候，指标将重点放在了他们的专业技能和
经验的传授上，评价的方式应该将同行评价、行业专家评价、研究生评价等
多种形式结合起来，确保评价的客观性和公平性。通过持续地对教师的激励
措施与考评监督机制进行改进，让"双师双能型"教师意识到自己的价值，
并持续提高自己的职业素养，从而让更多的教师成为"双师双能型"教师。

第五章 基于多元视角的地方高校教师高质量发展体系

一、教师导师制

大学教师的教学能力培训包括了其进入职业生涯（通常是进入职业生涯后 1～3 年或 4 年）和部分的在职培训阶段。国内很多大学的入职期培训都已经实行了教师导师制，这样入职期培训的学习环境跟认知学徒制就非常类似，因此，从认知学徒的学习环境来构建教师导师制，这将有助于在实际工作中更好地了解认知学徒制，也有利于从认知学徒制的视角来对教师导师制进行优化，从而达到实践和理论的互补。

（一）教师导师制建构

1. 教师导师制组织体系流程

教师导师制作为一种管理系统，其工作目标应该是清晰的、系统的，并具有内在的运作机制。

（1）教师导师制的教育目的。

短期目的：对新入职的教师、其他岗位转入教学的中级职称及以下人员、学院认为需要配备指导教师的教师和主动要求指导的教师等，进行长达 1～2 年的导师制培训，使一位大学教师应该具备的基本素质和能力得到全面的提升。中期目的：打造一支有后劲的、高水平的师资队伍。远期目的：在学校的共同努力下，建立起一套完整的师资发展体系，提升大学的教学质量。

（2）指导教师的招聘、选拔和培养。

在全校范围内进行招聘、选拔，招聘的主要对象是具有副高级职称、硕士及以上学历并获得"教学能手"称号的老师，其中，"教学名师"是优先考虑的；同时，应聘者还应具有良好的综合素质、道德品质、严谨的学术态度、敬业的工作态度和较强的教学和研究能力。对于筛选出的老师，有必要对他们展开一段时间的集中培训，明确培训目的、任务。教师要意识到，教师的职业发展是一个自我指导的发展过程，因此，学校要重视教师和指导教师之间的友好师徒关系，为了让新教师能够独立自主、敢于创新，可以在某种程度上，鼓励教师对导师的教学方法和观点提出质疑。

（3）流程管理与指标评价。

过程管理是指对教师导师制的进程情况进行定期或不定期的检查，防止有章可循，或者是流于形式，以便在执行过程中能够及时地发现问题，这应当是教师导师制在执行中的一个重要环节。目标考核是指在每学期、每学年，都需要老师做出一份有关的书面总结，由学院进行评估并提出改善的建议，在学院中，由教学副院长指导，教学办公室负责，并及时收取相关文件资料。可以把过程管理和目标考核分成三个阶段：首先，由系（教研室）负责，在年末进行，主要是对制订培养计划、拟任教学科教案撰写的质量，以及跟班听课、课程辅导、批改作业等方面的情况进行考核。其次，由各个学院来负责，并将其安排在下一个学年的期末之前，对老师的讲课质量、实践环节及教学基础建设的情况进行考核。最后，在学院的考核结束之后，学校的有关部门会对这些学生进行检查验收。

（4）评价及相应的奖励和惩罚机制。

学校要以正面激励为主要内容，使教师与导师形成良好的互动关系。学校还设置了"教师教学优秀奖"，同时还为导师们设置了"教师优秀导师奖"，向优秀的教师和导师们颁发证书，并且在晋级、年终考核、评优评先、名师培养等方面给予优先考虑。

2．教师导师制内部运行机制

"导师制"是一种以任务驱动为核心，将"备课""示范""指导""实验"和"教学科研"有机地结合在一起的全面性的教学活动。从每一次上课的情况来核查以下内容。

（1）在教室里，同学们如何学习？有效果吗？

（2）老师怎么教？什么行为合适？

（3）本课程的学术特色是什么？

（4）我的总体感觉怎么样？给他带来了什么灵感？

在解决以上问题的过程中，教师可以提高自己的教学认识，并充实自己的专业知识（尤其是实际知识）；经过对导师的试讲和引导，老师的教学操作能力、教学监控能力都有了很大的提升。

3．教师导师制中体现的认知学徒制原则

在认知学徒制的视角下，教师导师制应该包括三个方面，这三个方面是认知学徒制的精髓，它可以帮助老师构建自己对问题的嵌入理解，并培养出专家式的思维技巧。

（1）隐性知识的外显。

现代化的社会对人类的各项技术和知识提出了更高的要求，要求人类具有更高的智慧和更深刻、更持久的思维能力。老师可以对一项具体的任务进行演示，让自己的思想外显出来。可以在观看、演示和接受指导的同时，对自己正在尝试执行任务的概念模型进行构建和改进，从而对自己思考问题和解决问题的方法进行修改，并逐步地转移到其他的任务情景中去。也就是说，教师导师制并不注重如何获得概念事实知识，而更看重的是专家在获取知识或将知识应用于解决复杂的实际问题时所涉及的推理过程、认知和元认知策略。

（2）搭设和拆除"脚手架"。

为了让老师在导师的引导下进行实践，而不只是接受导师的指导，老师与导师之间要经常进行交流，把自己的想法展现出来，为老师提供指引和支持。指导老师要注重充当"脚手架"的角色，在作业一开始，就做好了专家的工作，在作业过程中，导师要以旁观者的形式指导，指出可能出现的失误，补上某些忽略的要点，对讲解的内容是否恰当、语言是否清楚、PPT的质量是否高、学生是否积极参与等，给予反馈、提示，纠正，并建议新的作业。在老师完成工作的过程中，导师要减少对老师工作的管理力度，减少对老师工作的支撑，逐步将工作中的"脚手架"拔掉。

（3）反思式的教育。

教学是一种具有深远意义的师生之间、生生之间的交往活动，它是将知识与技能、过程与方法、情感态度价值观融合在一起的实践活动。能否对这一动态生成的实践过程进行反思，将极大地影响教师专业发展的层次，通过对实践的反思，可以让学生在一个充满思想情感的组织文化氛围中快速地成长。在教师的辅助下，教师可以对他们的认知能力进行提升，从而将他们的思考和问题求解过程与专家及其他优秀教师相对比，并在进行反思的基础上，构建出一个特定的问题求解模型，对自己的问题求解过程进行修改，永久地改变他们的思维方式及推理结论方式。

（二）教师导师制的意义

1．教学相长，优化师资队伍

教师导师制的实施，不仅对新教师在讲台上站稳脚跟起到了很大的作用，更重要的是，它对新教师的成长起到了很大的推动作用，教与学之间的"长"字，说明了教师导师制之间的交流方向及所产生的正面效果。

2．对导师制、助教制的有效整合

在我国高等教育规模日益增大的背景下，我国的高校师资力量严重不足，很多高校的导师制和助教制都是虚有其表，有的高校把重点放在了导师制的执行上，而忽略了助教制的执行。也就是，师徒合作的过程属于助和导的过程。助和导属于互为一体的两个方面，两者相互作用、相互促进，具有不同的角色，但目标却是相同的。没有"助教"经验的老师在课堂上授课，会给学生的学习生涯带来不利影响，长期下去，人的知识、经验都会随着授课而"流失"，导致学生的学习能力一代比一代差。在"助教制"已经形同虚设的情况下，二制相结合的"教师导师制"，一方面，帮助导师备课、做实验、批改作业，参加导师的授课，积累了丰富的教学经验，提高了对学生的认识。另一方面，他们也要为即将到来的课程做好充分的准备，接受大学老师的基本培训。一开始不要操之过急，使今后的工作平和而富有创意，不慌不忙，老师明确自己最应该做什么，增加老师入职的信心，为今后的事业发展打下坚实的基础，实际上就是一个主动等待、酝酿、积累的过程。

3. 有利于进行深入学习和迁移

苏泽（DA. Sousa）"人类大脑是如何学习的"这个研究为"教师导师制"的发展提供了有力的证据。

有很多研究表明，在实际情况下进行的学习，可以产生更好的练习效果。采用"教师导师制"的教学模式，相对于理论训练和个别阅读，老师们能获得更多的经验。

（三）教师导师制实施困境

1. 单一导师的局限性

"教书育人，不是一成不变的。"前半句是说，教师实践离不开基础规范，后半句是说，任何方法、规范都是这样，可见后半句是重点。在长此以往，老师只会受到一个导师的教导，因此很难形成自己的教学风格。因此，这种封闭的、单向的导师制还有待于转型，要用一种开放、合作、师徒相互促进的充满活力的导师制来代替，还可以考虑采用轮换导师、成立导师组等方式来加以解决。

2. 重启动，轻"督、导、评"

当前，很多高校对教师导师制的监管较为松散，实施起来也是流于形式，导师的工作好坏都是一样的，只重启动、轻考评，缺少了必需的过程管理环节，包括过程和目标等观察点的考核指标体系也是不科学的，这使得教师导师制难以取得理想的效果。

（四）教师导师制实施的保障措施

1. 政策上的激励

教师导师制的推行，从某种意义上说，就是把原来属于教师的私有知识产权转化为公有，这就要求教师对其进行"知识的传承"。应该在职称评聘、工作绩效、评奖评优等方面，对导师进行支持和激励，为教师导师制的健康发展创造一个具有竞争力的政策环境。例如，在学校中，把教师指导工作纳入到了教师的岗位聘用要求之中，在申请教授及重要的学术职位的人，原则上都需要有指导教师的经验。为了让老师们能够更好地参与到教改项目中来，学校应该树立起同等对待教学与科研的理念，并将这些理念落实到职称（职务）聘任、聘岗晋升、绩效考评的所有政策之中。

2. 经济上的保障

一项工作的重要性，一定要与该工作在社会整体上所起的作用成正比，才能给其工作人员提供一定的报酬和声誉，不然，就不会有人愿意为这项工作尽心尽力，负起充分的责任。动机预期理论认为，只有在教师的辅导工作与收入之间存在显著的、切实的关联，而且收入能够满足教师的需求时，动机才会产生。为此，应当对教师进行适当的补贴，并对其进行物质上的奖励。

二、教师合作团队制

教师导师制可以让入职的教师在导师的引导下，感受到学校的文化，从而更快地融入自己的教学工作环境之中。但是，这种培养模式也存在着一些缺陷，例如，它对老师的个体作用太大，需要老师尽心尽职。但是，在实际生活中，一些老师无法充分地履行自己的责任，存在着很大程度的形式化趋势，同时，导师们还缺少对老师所需要的专业训练，他们的带教能力和方法各不相同。此外，老师们对认知学徒制以及自己在不同发展时期的需要，有着各自的观点。所以，在保持了教师导师制的同时，努力为老师们创造一些可以融入团队之中，并在这个过程中得到发展，也就是构建起了一套教师合作团队机制。

（一）教师合作与教学团队建设

1. 教师合作内涵

教师合作主要是指教师之间的一种人际互动方式或者是一种关系形态，它被用作寻求教师成长和学校教育改革的一种手段或策略。就形态而言，教师合作又可分为天然的和人工的两种。

自然协作是一种理想的协作模式，然而，因大学教师学科、学术领域、水平等的不同，如果没有相应的组织引导与计划，这种纯粹的"自然协作"很难维持与深化。大学教师的合作是一种以合理地吸收自然合作与人工合作为前提的，是一种具有包容性的教师合作，表现出了教师的自愿、自发和自主，但又不妨碍教师对其进行合理的控制、计划和组织。教师合作是一种基于对教师自愿和自主的尊重，并与相关的规定结合，在教育实践中发展出来的一种以提高教师的科研能力和教育教学质量为目标，推动教师专业发展的一种开放性、规范性与共享性的行为和关系模式。教师合作的方法包括教师集体备课、项目驱动、课题合作、师徒教育模式、教学团队建设等。在大学里，教学团队是一种具有很大影响力的教师合作实践形式。

2. 教学团队建设

教育部、财政部在"985工程""211工程"之后，发布了《关于实施高等学校本科教学质量与教学改革工程（简称"质量工程"）的意见》，对质量工程六项措施中的"教学团队"和"师资力量"的解释是："强化本科教学团队，遴选并组建一支教学质量高、结构合理的师资力量，开展教学内容、教学方法的创新与研究，教学讨论与教学经验的交流，充分利用教学资源，实现老、中、青的有机融合，发挥"传、帮、带"的优势，强化师资力量的培训。"所以，可以将教学团队的概念定义为：把学生作为服务的对象，由相似教学任务的教师构成，具有合理的知识结构和年龄结构，高效的交流和协作机制，把教学内容和教学方法的改革作为最基本的方式，把系列课程和专业建设作为一个平台，把提高教师的教学水平、提升教学质量作为共同进步的一群教师。把老师放进教学团队中，会有"火炉效应"，也就是说，团队合作、良好的学术氛围、前沿课题的研究，都会成为老师迅速成长的"旺火炉"，使老师的教学水平迅速提高。

（1）教学团队提出的理论基础。

①团体动力学说。团体是指人们相互交往、相互联系、相互影响而构成的，为了达成一个共同的目的，满足共同的需求，以一定的社会活动方式和社会规范将它联系在一起的组织集体形态。教学团队是一种团体组织，可以发挥个体所无法发挥的作用。美国心理学家勒温创立了"群体动态"学说。他利用场理论和力学理论的概念，对团体成员之间各种力量相互依赖和相互作用的关系进行了阐述，并提出了一个观点，那就是团体不是个体的简单相加，它是一个比个体更大的总和，可以对个体造成很大的影响。在团体中，个体会产生与独立环境中完全不同的行为反应效果。

②以学习为基础的企业管理模式。"五项修炼"是美国管理学者皮特·盛基提出的一种具有代表意义的学习型组织理念。他认为，当今的公司组织结构日益复杂化，公司要在激烈的市场竞争中生存并发展，必须发挥每个员工的学习能力。学习型组织具有五大特征：一是系统化思维，从整体上看待企业。二是对自身的要求，了解你的强项和弱项，并持续改进你的弱项。三是改变思维方式。思维方式就是那些有助于我们了解情况，并有助于我们采取行动的信仰。四是要树立一个共同的理想。必须将个人的理想融入一个共同的理想中，这样才能激发公司全体员工为之而战。五是团体研究。团队成员相互协作、相互学习，实现了企业的学习与创新。学习型组织的根本手段是以学习为基础的，而团队学习与个体学习的最大不同就是它的互动性，每一名成员都会收到来自另一名成员的增强反馈，因此，每一名成员的心理体系都会被更新，变得更加灵活，互相加强各自的学习效果。

（2）教学团队的建设。教学团队建设属于"本科教学质量与教学改革工程"中一项具有创新性和前瞻性的子工程，它是一种新的教学组织形式，始终以一定的行为方式为载体，以此来实现改革目标，也就是教学团队建设内容的实现。

①专业建设。专业是高校人才培养的主要载体，每一个专业都有其特定的培养目标、范围、内容、重点、要求等，因此，教学团队建设要与学校专业紧密结合起来，在专业建设中，要让学生具有必备的专业知识和专业技能，对本专业的最新研究成果和发展趋势有所了解，重视对专业理论、基本规律的教育和对实践能力、实验技能的培养，为学生的专业特点提供支持。

②构建课程体系。它是一门学科的构建。高校课程是一个门类繁多、体系复杂、数量巨大的集合体，包含着多种教学活动体系，是为高等教育的宗旨和人才培养目标服务的，没有对其内涵和结构的清晰理解，就难以进行教学活动。课程建设在高校教育工作中占有举足轻重的地位。

③深化教学方法的创新。与社会赋予的新时代人才特点的要求相一致，教师队伍要不断地更新自己的教育观念，对自己的教学方法进行改进，同时还要熟练的掌握现代教学技术，以满足教师教学内容的日益丰富与学生需求的多元化。在 21 世纪，教科文组织对人才的教育方针是"做人，做事，合作，创新"，也就是说，21 世纪所需要的人才，必须要学习如何做人，学习如何做事，学习如何与别人合作。只有学习如何与别人合作，才能进行创新。此外，还应在人才培养模式、培养方案、教学质量标准、教学内容、考核方法、教学评价等方面进行深入的理论探索，以推动教学质量的持续提升。

无论建立什么样的协作团队，最根本的因素就是要把老师团队打造成一个专业的学习社区，或者说是一个学习型的老师团队。一个没有学习精神的老师团队，就不能算是一个协作团队。而在高校中，教研组是一种全新的教师组织形式，可作为一个与学校中的其他教师进行交流的平台。

（二）教学团队体现的认知学徒制要素

1. 从"内容"维度上看

教学内容是精品课程建设的关键，其主要内容包括：建立一支高层次的教学梯队，编写一套革新的课程标准和先进适用的教材，完善一套新的教学方式和手段，建立行之有效的考核办法。这就需要团队成员一起进行充分的、反复的探讨和研究，集思广益、精心组织。除此之外，还需要有一些科研成果作为支撑，展示教学技能，创新教学方法，完善教学内容，制作教学课件。不管是学科带头人，还是课程主讲老师，或者是其他参加的老师，他们都需要对有关的学科有一定的了解，在这个过程中，他们需要获得控制策略和学习策略，并对整个过程进行反思和监督，也就是元认知策略。

2. 从"方法"维度上看

课堂教学质量是一项可以体现教师教学能力的重要指标，也是一门课程能否真正达到高水平精品课程的关键。所以，在精品课程中，授课教师要由具有较深的学术造诣、丰富的授课经验的教授来担任，这对青年教师会产生很好的榜样影响。同时，通过师资队伍的培训，使师资队伍在教学上有更多的时间和空间。团队要不断地展开决策和协商，成员们要将自己的经验和智慧充分地分享，要清楚地表达出自己的观点，并一起学习。例如，他们要确定自己应该拥有哪些知识和技能，才能让目标顺利地完成，许多与推理有关的过程（也就是内隐的知识）在清晰的表述和交流中得以外显。这样，老师们就可以不断地受到熏陶和训练，从而形成并改善自己正在尝试执行任务的概念模型，让教学被重新设计。在此过程中，老师可以将自己的教学智慧展现给小组中的其他老师。

3. 从"顺序"维度上看

精品课程的建设具备一定的特点，还要具备一流的教学质量。教师在教学设计（注重将研究性学习、探究性学习、协作性学习等现代教育理念应用到教学中）、教学方法（能灵活地运用各种恰当的教学方法，从而有效地激发学生主动参与学习）、教学手段（恰当地、充分地利用现代教学技术手段来推动教学活动的开展）等方面的思考和应用，都使探索过程的复杂性增加。在实现教学目标前，要先对课程有一个设计的想法和蓝图，然后对最后的产品构建出一个大概的概念模型，这就体现了整体的技能优先于局部的技能。最后，在持续的改进过程中，成员要分析、反思、假设、检验等，其中一定会包含更多的策略和技巧，这就体现了多样性的递增。

（三）教学团队建设存在的主要问题

目前，在我国大学里，教师队伍的研究与实践还处于初级阶段，各个大学的教师队伍大部分都是从原来的小组或教研室中发展出来的，在具体的实践过程中还面临着一些问题。

1. 教学团队合作积极性不高

在"基于个人科研绩效的考评体系"中，存在着重科研轻教学的倾向。为了职称评定和年终考核，老师们会将更多的精力投入科研这类的硬性指标上，而不能对教学工作进行定量的考核，导致大多数老师不愿意将更多的时间和精力投入到教学上。在构建教学团队的过程中，老师们缺乏团队协作的意识，工作基本处于孤立的、封闭的状态，就算在教学中遇到了一些问题，老师们也会因为自己的面子而不愿意向其他老师请教，更别说是进行交流与合作了。此外，部分已有的教学小组常常只是有规划，没有具体的实施，教师的参与热情不高，在这种环境下，教师之间的协作是被动的。教研小组是一种与情感协作相结合的理念"共谋"，是某些学校对教研小组贯彻上级精神的体现，自然而然地变成了老师们被动执行的一种行为责任。

2. 教学团队缺乏有效运行机制

在教师队伍中，教师要具有较强的专业素养，熟悉教育改革的指导思想；研究专家至少要有中上的水准，对研究的最新进展有一定的了解，可以带领教学小组开展教学改革，统一备课，统一编写教材、教辅资料，组织成员相互学习，对老师进行正确的引导，提高教学小组的协作能力。大学里很少有老师能达到这样的要求，而且，有些领导把更多的精力放在了团队以外的地方，以获得更多的研究课题、更多的外界支持和资源，但是，他们却很少关注团队的内部管理。领导者在制定规章制度时，需要花费一定的精力，具体包括组织纪律、资源配置、岗位职责、绩效标准等内容，用制度来对团队成员的行为取向、业绩目标进行约束，并对内部和外部资源进行调控。只有通过科学的、高效的管理，才能调动团队的积极性，让全体组员团结协作、共同实现团队目标。

（四）教学团队建设保障措施

小组工作方式是学校教育的重要特点。在国外，通过"小组合作"的形式促进了新课程的实施。"同伴互助"是指在世界范围内，老师们结成合作伙伴，共同研究、示范教学、有计划地进行教学实践，相互借鉴，不断完善教学方法，提高教学水平。教学团队是一种相对具有典型意义的教师合作团队，在文化、制度、经济等多种保障机制的综合影响下，教学团队可以很好地发挥其功能和应有的价值。

1. 教师文化建设

教师文化指的是在教学过程中所产生并不断成长的一种价值观和行为模式，对于大学来说，可能要比制度更加重要的是文化的构建，如果一所大学能够建立起一种以老师间的协作为中心的文化，那么，它就会变成一个真实的学习社区，老师间的互相帮助将会被纳入他们的日常职业生活中，并成为他们不可缺少的一部分。另外，大学应该转变传统的大学文化，将"以教为本"，以"学"为中心，创造一种注重教与学的大学文化环境。一旦确定了这个的含义，那么，当老师们在思考与计划自己的事业走向与意义时，必然会将教与学也纳入自己的事业之中。

2. 教学团队的制度保障

改革大学的体制环境，是激励大学教师成立教学团队，使其更好地发挥功能的必要条件。在我国高校中，权力的分配呈现出一种由行政权力主导的层次管理方式。这种方式中，权力的中心倾向于向上，而行政权力则是泛化的，学术权力相对薄弱，各类学术组织基本都服从于行政机关。在此基础上，提出了一种新的教育管理体制，即"以人为本"的教育管理体制。为此，在进行大学教育改革时，必须明确大学教育中的行政与学术问题，尊重学术权力，赋予教学团队教育管理的自主权。

3. 教学团队的经费保障

高校教师团队建设必须要解决的主要问题是：教师团队的相对稳定；学校应从政策上对教师团队的建设予以足够的关注，对筛选出的优秀教师团队要给予专项资金，并赋予教师团队更大的资金使用自主权。同时，将教学团队与已有的学科专业建设、课程建设、实验教学基地建设相结合，以是否具有优秀的教学团队作为衡量这些项目建设成效的标准，为教学团队建设提供必要的经费。

三、对策实施总结

运用认知学徒制视角下的教师导师制、教师合作团队制，来对教师的教学能力进行培养，这是一种打破了传统教师培训方式限制的方法。一方面，可以让本校的知识资本和无形资产得到充分的发挥，从而让教师的合作文化得到充分的发挥。另一方面，还可以让传统的培训模式中，过分强调掌握一种静止且封闭的教育原理与知识，使理论与实践之间相互分离。从教师专业的在场性、不确定性和价值性等特点出发，更适合用建构主义的方法来培养教师的教学能力。认知学徒制提倡学习者在工作情境中，通过与环境的互动，来积极地构建知识，并参与专家行为。教师导师制、教师合作团队制所营造出来的学习情境都是现实存在的，在培养教师开展实际工作所需要的高阶思维、问题求解及处理复杂任务的能力的同时，教师的教学能力也会在解决本领域问题和完成任务的实践过程中不断提高，这样就可以减少自己在实践中所需要的时间，让自己尽快变成一名专家型教师。

第二节　社会性别视角下的地方高校女性教师角色冲突

一、影响地方高校女性教师角色冲突的社会性别因素

"社会性别"是一种与生物性别相关的概念，是一种权力关系、一种社会文化结构。玛格丽特·米德认为，"男子化"与"女子化"并非传统观念所认为的由男女自身的生理差异所决定的天生的"自然秩序"，它是一种社会

文化的结果。到了这一步，两性问题已由表象上的生物学上的差别，转移到更深层次的社会上的性别效应。虽然可以从多个视角来分析与说明大学中女教师的成长状况，但是，从社会性别的视角来看，无疑能够洞察大学中女教师成长中所存在的问题。

（一）传统文化观念束缚下的社会性别模式

在封建社会，受"女子不能为贤""男尊女卑"传统道德观念的约束与禁锢，女性始终处于被压制与制约的地位，没有获得自由与发展的机会。随着社会的发展，人们已经逐步抛弃了那些过时的观念，开始有了性别平等的意识。在政坛上，她们积极参与政治活动；在财务方面，已经实现了财务上的独立；在教育方面，获得教育的机会和程度都在提高。然而，受传统封建文化和不同社会思想的影响，女性的发展依然面临着诸多困难。例如，在改革开放以后，就出现了"女性回家""女性回到传统"等一系列要求。可以看出，女性在发展上仍然面临着巨大的阻力和障碍。当今社会，人们对好妈妈、好媳妇的感情表达较多，而对强势女性的感情表达较少。有些人更是主张，当代女性的成败，应以女性的温柔、仁慈、贤惠等优良品质为标准。在现实生活中，关于"女强人"的争论、"做好工作不如结婚"的广泛认同，都折射出了当代女性在事业上实现自身价值时所遭遇的迷茫与无奈。因此，在现实生活中，女性受到的不同待遇并不是因为男女之间的不同而造成的，而是因为男女之间存在着不同的态度。应打破女性在社会中所扮演角色的桎梏，从而打破大学女教师自身发展的桎梏，促进大学女教师的专业化成长。

（二）隐形障碍——玻璃天花板现象

"玻璃天花板"就是一种无形的屏障，使女性无法晋升到高级岗位。这并非因为她们没有能力和经历，而是因为她们在企业或机构中树立了一道看不见的壁垒。这一"隐形障碍"在某种意义上导致了女性在行业内的发展不平衡，妨碍了女性在行业内的正常向上流动，使她们难以进入高层，在管理上处于弱势地位。尽管大学里的女老师已经占到了教职工总数的二分之一，但大学里的高级管理人员中，女老师所占的比重还很小。美国学者奈乔·贝罗克莱丝则指出，女性在学校里的性别歧视，往往与种族、年龄和社会环境等因素相结合，使女性教师处于"象牙塔"的最底层。凯斯·齐纳的调查显示，大部分的女老师都集中在下级的教职工和助教，而且她们大部分都在社区学院工作，而非研究型大学。从本质上说，高校内部对女性教师的固有歧视，加上男权至上的晋升制度、评价制度、同性化的选拔机制，女性教师的发展受到了阻碍，出现了表面上的平等，实际上却是不平衡的现象。

（三）家庭的牵绊

"中国妇女在工作上的苦难，是由于我们的家庭组织还很原始，家务劳动还没有被赋予价值，还不能适应妇女的分工。"说出了很多女人在工作和家庭之间的矛盾。她们尝试着在职业生涯中取得成功，但与此同时，身体和精神都受到了来自家庭的压力。研究表明，职业与家庭是很难同时兼顾的，女性教师要想兼顾职业与家庭，就必须以事业为代价。Biklen通过观察和深入访谈，并通过小说、自传、日记和信件等手段，对女性教师展开了调查，结果表明，女性教师为了家庭，可能会有非持续性的教书生涯，但是对于工作却有很强的职业投入。

二、社会性别视角下地方高校女性教师发展的路径

（一）组织层面，政策制定者要制定相应的改变性政策

教育行政部门要在思想上建立起一种性别平等的意识，在制定教育政策的时候，要把社会的性别意识融入其中，根据男、女教师的生理和心理特点，制定出与之相适应的、适合于高校女性教师的教育政策，从而改变教育政策中被忽视的性别盲点。例如，适当减轻女性孕产妇的教研负担，在给予女性特殊保护的基础上，加大对女性能力的培养等。与此同时，要营造一个平等的性别环境，改进学校行政管理部门中存在的性别歧视，打破"玻璃天花板"，意识到大学女性教师的重要地位，重视和发掘她们的发展潜能，给高校女性教师发展机会。

（二）制度层面，打破男性垄断，改变男性主导游戏规则的不平等现象

要使高校女教师得到更好的发展，就必须构建科学、合理的考核制度，并对其进行有效的激励。要做到科研与教学并重，在制定教学科研评价指标体系的时候，要增加女性教师发出声音的机会，改变现实中的规则。要加快对女教师的培训速度，给她们更多的发展空间。针对女性教师的特殊发展需要和对其性别特点的了解和关心，采取灵活的个性化训练方式，为其安排更多的训练内容，对其进行灵活的学习时间和训练管理，使其在政治、管理、专业等方面得到有效的提升，并对部分杰出的女老师进行干部人选的培养。

（三）文化层面，构建平等的性别文化，使女性的声音能够充分表达

要坚持"以人为本"，营造良好的女教师成长环境；在社会层面，要尽量避免使用媒体，以传统的社会性别概念来塑造男、女教师的社会形象，同时要对媒体进行净化。在此基础上，运用新媒介对教师进行两性平等教育，形成男女平等教育文化。在学校层面，要为学生提供一个更好的学习氛围，提供更多的学习机会，例如，座谈会、讨论会、报告会等。与此同时，要与老师保持紧密的联系，关爱老师，构建起一张互助互信的关系网，让女性老师能够主动地参与到学校的管理工作中，并努力将自己的声音传递出去，让她们能够真正地参与到学校的决策之中，虚心地倾听并接受她们所提的意见和建议，对那些正当、合理的要求给予支持，从而让她们在学校中的边缘地位得到改善。

第三节　学生视角下的地方高校教师教学能力评价

一、教师行为是评价的关键

教师在课堂上具有较高的教学水平。教师的课堂教学行为包括保持课堂

秩序、组织和管理学生的课堂行为、开展课堂教学、营造良好的课堂教学氛围等管理行为，以保证课堂教学目标的实现。而作为教育活动最直观的表现形式，课堂教学更多地是指在教育活动中产生的过程。然而，要想真正地完成课堂教学，就必须要有一种预先设定好的行动，例如，预先设定好的教案，并以此来明确自己的教学目标。在实施课堂教学中，则着重测试了教师对于教学目标的达成程度和教学情况的适应程度。教师的教学方法可以归纳为教授型、提问型、指导型、示范型和评价型。教师的评价要点主要有：按照课程的目的进行教学；课堂教学的教学方法与当前的学生发展水平相适应，课堂教学的组织是以学生已有的知识为依据的；教师的授课方式有利于提高学生的学习兴趣；教学效果有利于新老知识的衔接；授课条理清晰。提问的测验要点是：提问有针对性，可以从学生的现实生活出发；问题是思维的一种，它可以引发学生的积极思维；提出的问题是灵活的，可以使学生举一反三；提出的问题要有探究性，这样才能激起学生的求知欲；同时，这些问题也要有实际应用的机会，这是一个发展学生实际应用技能的好机会。辅导的测验要点有：有助于学生创造学习环境；针对学生在操作过程中出现的具体难点、疑点展开有效的引导。演示的评价要点有：演示与当时的时间相吻合；演示的针对性、有效性强；演示和其他方法同时进行；在演示完毕后，老师要认真总结出问题所在。在评价上，要认识到学生的个性差异，能以多样化的方式来评价学生；可以对学生的学习结果进行适当的分析和评估。

二、学生行为是评价的重点

教学能否取得成效，在很大程度上取决于学生的学习行为。学生才是教学主体，他们是课堂教学的直接参与者，学生的学习行为是评价课堂有效教学实现的重要因素。在课堂教学中，以学生为主体的教学具有自主性、探索性、合作性、质疑性和应答性等特征。自主学习能力的评价指标主要有：自主学习能力在教学目标的引导下实现；学生对所学内容有浓厚的兴趣；学生具有自我学习的策略；在自我调节的过程中，学生有较强的自我调节能力；

对大学生自主学习速度的控制。探究式学习的测量点有：可以由学生根据自身在实际学习经验中提出对学习过程的具体质疑（由教师观察提出也可）；在开展探究式的学习前，教师应该指导学生做好充分的准备，了解并学习有关的背景知识，在此基础上进一步合理、果断地预测与设想。评价合作学习的主要指标有：合作学习有没有形成较好的组织，有没有发展到一定程度的学生；合作学习的选题应着眼于激发学生的思维与合作的能力；在确定合作学习题目时，应与当前的认识发展水平相一致；合作学习注重培养学生的团体合作能力、倾听和表达能力、共享和沟通能力；合作学习是在老师的指导下进行的。在提问与回答方面，主要有：学生能表达自己的观点，并得到正面的支持；不管学生提出的问题有没有道理，老师都要采取正面的回应和引导；针对学生的反应是有目标的；同学们在回答问题时都很积极。

三、课堂结构是评价机制的基本保证

课堂结构是指在实际的课堂教学情境中，教师根据课程教学大纲所提出的教学目标，按照科学合理的教学程序，对教学内容进行重点难点和时间节点的分配，从而更好地实现教学目标，促进教学过程的顺利进行。课堂教学是进行有效教学评价的基础，而教师是在真实的课堂上向学生灌输知识，而学生又是如何对其进行反馈的，这直接关系到教学效果的好坏。教师的教学过程是否顺畅，时间分配是否合理，教学环节是否相互联系，是教师对学生进行评价的主要方面。

四、师生关系是有效教学评价的前提

教师与学生之间的关系是实施有效的课堂教学，达到教学目的的一个重要基础。戈登在其《教师效能训练》中提出了"和谐友好的师生关系"，它具有包容、透明、依赖、独立、互惠等特征。与学生建立良好的师生关系，对于老师来说，最根本的条件就是要与学生建立密切的联系。教师应了解学生的家庭背景、生活经历、心理发展状况、兴趣爱好、认知和情感发展水平；

教师应多鼓励和引导学生，适时指出学生的缺点，以平等的态度对待学生；尽可能多地创造与学生交流的机会，把正面的预期传达给学生。

第四节　组织文化视角下的高校教师发展

高校教师的成长，主要是指提升大学教师的教学能力与科研水平，主要包括：教学成长、组织成长、专业成长、个体成长；大学教师发展对教师的专业水平、教学能力、科研能力和道德修养提出了更高的要求，这不仅表明了大学教师发展的任务，而且还表明了教师发展的内容。

社会经济迅速发展，人们的生活方式也在发生着变化。随着形式主义、实用主义、功利主义价值观的流行，高校中出现了管理行政化、科研数量化、教师评价方式形式化等问题，一些教师已经开始有了职业倦怠感，工作压力越来越大，大学教师的发展也面临着困难和挑战。怎样才能破解这些难题和挑战？大学组织文化是大学指导思想、管理理念和办学宗旨的集中反映，是大学各方面都认可和认同的价值理念、道德准则和共同追求，是一种能使老师有凝聚力和归属感的良好机构文化。这一节从组织文化入手，通过对组织文化的物质文化、制度文化、精神文化的划分，从理念、机制、路径三个层次，对大学教师的成长进行了探讨。

一、理念层面

在理念层面，组织文化体现了高校的核心价值观念，对大学教师和学生的思维进行了统一、规范，是大学团体个性特征的来源，是一种精神文化。一所优秀的大学，一定要有超前的教育观念作为基础。美国建立了一批又一批世界级的高校，这些高校在美国也有自己的办学特色。其中，"学术自由""共同治理"和"学生为本"是美国高校最重要的三项组织文化，在此三项组织文化的引导下，美国高校呈现出一些令人关切的现象：一、高校内部存在着分散化的组织架构，并在此基础上鼓励个人科研；二是在任用制度中引入了自由竞争的制度，使教师在任用中拥有了更多的自主性。此外，建立一种有利于创新、发现、实践、凝聚力、辩证思维、服务和沟通的大学学校文化，是国外名校的一条重要办学理念。它不仅有利于个体的发展，而且对教育、文化、社会的发展起着积极的推动作用。中国高校要追赶世界一流大学，必须从自身的实际出发，通过对其管理思想的深入研究，不断地进行管理观念的更新，推动师资队伍的成长。

（一）以人为本的价值理念

对人的尊重、关心、价值的充分认识，是优良企业文化的本质特征，也是组织文化的核心所在。在构建学校组织文化时，应充分考虑各方的意见，创造出一种民主、公平、公正的管理环境。与此同时，还要对教师的心理进行充分的考量。对于刚刚入校的老师来说，因为对自己的职业发展、专业发展方向还不够清楚，所以很容易出现理想与现实之间的落差，在遇到这些问题的时候，老师们经常会觉得很迷茫，产生职业倦怠。加之教学、科研、生活等多方面的压力，使老师们常常感到力不从心。应立足于大学教师的现实需求，明确教师自身的价值，树立合理、公平的教育观念，推动教师的成长。

（二）互助合作的思想观念

大学应倡导教师树立合作学习的理念，营造合作学习的良好环境，促进学生的共同进步。通过组织教师学习理论、进行教学评课、进行岗位培训等方式，为教师们搭建一个相互学习的平台，促进教师教学和科研能力的整体提高。利用一系列的人才培训项目，强化对年轻骨干教师的培训，并对具有潜质的优秀教师进行重点培训，让他们变成学术领军人物，进而促进其他教师的成长。同时，利用"传帮带"的方式，让老师们体会到学院的优秀传统、了解学院的文化特质，从而加强对学院的认同。同时，"教工之家"也为广大教师提供了一系列的服务，为他们解决了工作、生活中的难题。通过这种互助合作的方式，新教师可以很好地融入自己的团队之中，在新老教师之间，可以进行更多的沟通与交流，新成员之间也可以相互切磋，从而增强团队的凝聚力和归属感，更好地推动教师的教学水平和学术能力的提升。

（三）确立共同愿景

愿景是大学里老师们的共同理想，也是老师们努力工作的方向。一所大学必须要建立共同的愿景，把所有的学校教职工都团结起来，通过组织成员的共同参与，来制订发展计划，让高校的个人发展计划和群体发展计划达到统一，从而使老师们为了大学的共同愿景而努力，形成一种凝聚力。共同愿景不是高层管理者单方面确定的，而是由组织内成员的个人愿景集合而成的，是个人愿望与组织发展的和谐统一，只有这样，共同愿景才会扎根于个人的价值观、思想和行动中。为了达到这一目的，大学的管理者应该注重与教师之间的交流与沟通，根据教师的个人需求，指导他们将个人与组织的目标有机地结合起来，遵守共同的价值观念，从而达到个人与学校的共同发展。

二、机制层面

管理机制是治理体系的构成和运作机制，它是治理效能的关键所在。制度层次的构建体现了高校的办学思想，是大学思想的具体体现。高校应从体制建设的要求出发，构建与自身发展相适应的多种体制，以保证自身的健康发展。而管理体制又是一种制度文化在组织文化中的具体表现和具体操作，是大学在进行制度改革的过程中实现的。

（一）完善教师评价机制

在教师评价方面，高校大多采取量化考核的方式来衡量教师的工作，功利主义倾向严重，例如，以基本教学工作量、科研任务量及学生评分等方式，较少考虑教师和学生的实际感受，教师评价方式单一，导致学校的科研指标要求很高，教学评价流于形式，教师容易产生职业倦怠感。为了改善这一现象，有必要建立和完善发展性教师的评价体系。发展性教师评价机制，也称为"专业发展模式"，是一种以过程为导向的、面向未来的教学方式，它要求教师的评价要在一个民主的环境下，让老师们认识到自己的优势和不足，并在此基础上，为老师们提供个性化的发展计划。发展性教师评价既突出了对教师主体性的尊重，又突出了对学生个体差异的尊重。就评价而言，要做到评价内容和评价主体的多元化。

（二）建立健全教师激励机制

许多高校过于强调对教师的规范化管理，忽视了对教师内在动机的鼓励和激发。在激励机制上，过于注重外在激励、短期激励，使得个人与组织的目标不太一致。同时，在高校工作实践中，激励的方式应该是多元的，不同的组织有不同的激励方式。但无论何种方式，都必须兼顾外在激励与内在激励，考虑到教师的实际。

（三）建立合理的人才培养机制

在我国大学中，注重"引才""育人"是一种普遍现象。为了提升大学的科研实力、增强在社会上的影响、激发教师工作的热情，大学一般都会设立"人才竞赛"，尤其注重对高职称、高学历人才的引进。但是，在这一过程中，也有可能忽略了对原有教师的培训，没有将已有人才的发展潜能完全发掘出来，很容易造成原有教师的心理失衡和部分优秀人才的流失。因此，制定培训方案，强化学科队伍，是高校师资队伍建设的必然选择。加强对教师的引进与培养，和对教师的管理与服务，使教师的专业素质、教学素质、组织素质、个人素质都得到提高。

三、路径层面

路径是机理的具体体现，而机理又是路径的保证。高校教师的发展路径则是实现这一制度的具体方法。在现行的教育体制下，要切实落实好教师发展的各项规章制度，并采取相应的措施。

（一）教师评价方面

1. 评价内容的全面化

在教师评价中，不能简单地将教务量、研究成果等当作单一的评价指标，而是要注重对教师的全面评价。有些高校在对教师进行职称评定时，仅关注研究结果的质量，在使用"绿色通道"的时候，显得较为偏颇。有的老师授课方式独树一帜，善于应用实例；一些老师对于学科的最新进展做了很好的讲解，让学生受益匪浅。这就要求对教师进行评价，从过去的单一评估向现在的综合评估，特别是要重视对教师的教育成果、教育投资等方面的评价。

2. 评价主体的多元化

教师考核应从教学、科研和思想品德三个层面进行。对教学质量进行评估的主体应是各院系的教师、学生和教学督导。同为专业领域的专业人士，应对其专业知识、学术水平、业绩等进行全面评估；在学生层次上，主要考察的是老师与学生之间的课堂互动及课后的交流，因为学生是教学活动的主体，所以学生评价最能体现出老师的教学成效。作为一名教学专业人士，教学督导能够发现问题，为老师把好关，老师的成长过程既是一次经验的积累，也是一次解决问题、进行反思的过程。

（二）教师激励方面

1. 物质激励

高校的物质文化是大学的根本，也是大学的外在表现。物质激励与教师发展的根本需求是否得以实现密切相关。从物质条件上看，首先，要尽可能地为广大教师创造较好的教学和科研条件，完善教学条件和完善的办公条件；一个好的工作环境可以使老师们感觉到一个更好的工作气氛，从而调动老师们的工作积极性和潜力，使老师们对学校有一种心理上的认可和归属感。其次，要改善教师的工作条件与工资，建立以绩效为基础的内部补贴与福利制度，以改善教师的生活质量，使补贴能够更好地吸引到老师。

2. 成长激励

首先，要强化师资队伍建设。加强对大学教师的培养，不仅有利于大学教师的成长，而且有利于提升大学教师的整体素质，增强大学的整体竞争实力。其次，要强化对教师职业发展的引导；对教师进行职业生涯规划，可以促使其提高自身的素质，实现自身的价值，增强组织的凝聚力与向心力，使其过上成功的生活。由于教师进入学校的时间比较短，所以他们的发展方向存在着不确定和盲目性，因此，大学应该尽量帮助他们制定出有针对性的职业生涯发展规划，推动他们的发展。

3. 晋升激励

首先，要为提高教师的学术水平营造良好的环境。为教师提供参与学术会议的机会，让他们能够与同行专家进行频繁的沟通，增加他们的专业技术知识，增强他们对学科领域的认识，并与同行专家之间形成良好的合作和交流关系，逐步增强他们在学术组织中的影响力，为他们在业界中学术职位的晋升奠定良好的基础。其次，给老师们一些可以提升的管理职位。学校要给每位老师一个成长的空间，给那些有管理才能的老师们创造良好的环境，建设一个优秀的后备干部队伍，重视对他们的选拔。

4. 目标激励

目标激励是指以目标的设定来激发人们的动机，引导人们采取行动。目标是一种激励因素，它对员工的工作具有很强的引导作用。所以，恰当地设定目标，可以有效地激励人们。目标的高低是由其所追求的目标的层次决定的，在此基础上，教师应从个人的成就动机、个人的因素、社会的因素等方面来设定自己的目标。在工作期间，要根据计划完成任务。在此过程中，教师自身也会得到激励与发展。

（三）教师培养方面

1. 完善教师的岗前培训

第一，确定培训的目的。要明确教师岗前训练的目标，增强其专业素质和对教育的信心，坚定其对教育的实践与研究的能力。第二，要丰富训练的内涵。根据培养对象的需要，制定了相应的培养方案，包括基础理论课、教学实践技能训练课、学校组织的文化课等。第三，要构建多元化的培养模式。针对不同的训练内容，应采取不同的训练方法。第四，改革评价体系。要把理论知识的测试与实际能力的测试有机地联系起来，在进行了岗前训练之后，对教师的理论水平与实际操作能力进行系统的考察。

2. 加大对教师的继续教育

高等学校应进一步加强对教师的继续教育，使其在整体上提高教学和科研水平。首先，要建立继续教育的激励机制，对在继续教育中有突出贡献的教师进行表彰或提升；其次，要为教师提供多样化的进修机会，如出国访问、参加专题研讨班、国际交流等，提升他们的学术能力。

3. 重视学术团队的建设与合作

注重学科队伍的建立，加强教师的集体协作；举办"学术沙龙"，让老师们积极参与，并与大家就学术问题进行交流和讨论；通过举办专题讲座、聘请知名专家授课等方式，提升师资队伍的学术水平与科学水平。

（四）教师文化管理方面

1. 转变管理理念

传统的大学对教师的管理多采用刚性的管理方式，习惯以行政方式推进工作，过分重视学校的权力，而忽略了情感、价值目标等非刚性的因素。而企业的文化管理思想，则是以个体与企业的协调发展为目标。为此，大学应改变其管理观念，把文化管理思想积极地引进大学教师的管理之中。以人为本，以教师发展为核心，是组织文化的现代化管理方法。

2. 重视大学精神培育

要大力培养大学精神。做好企业文化管理工作，必须持续强化企业文化建设，创造良好的企业文化氛围。实施文化管理，就是要重塑大学的精神，充分发挥大学文化的功能，以大学的核心价值、办学理念和发展方向为中心。坚持用大学精神指导教师的个体价值，在价值整合的过程中，对教师的主观能动性进行引导，从而促进高校的和谐发展。

3. 完善民主决策

大学文化管理以促进人的发展为目的。大学文化管理要转变传统的组织方式，把工作重心下移，建立"对话型"的组织方式，特别要重视教师的个人发展。将民主充分发挥出来，尊重教师在学校管理中的主体地位；对民主化管理进行改进，使教师积极地参与到学校的决策和管理中来，更好地发挥自己的作用。

4．建立教师心理契约

心理契约是指在一定的组织关系中，组织双方之间的一种主观的、内隐的心理约定。心理契约是联系教师和高校之间的心理纽带。心理契约有利于增强组织凝聚力，丰富教师的情感体验，提升教师归属感，还可以促进教师专业发展，实现教师的职业理想。在高校与教师之间建立良好的心理契约可以避免教师的流失；在管理中，建立起良性、互动的心理契约，可使教师发挥积极作用，进而促进教师队伍良性发展。

（五）教师教学保障方面

1．进一步调整教师评价政策

建立健全教学质量评价体系，把教学工作量和教学质量作为职称聘任的前提；在同等情况下，工作业绩突出的，可优先晋升为高级职称。对于那些不适宜于教书的老师，则可考虑转岗。

2．健全教学奖励政策

可建立一笔教师教学奖励专项基金，为教师教学的展示和交流提供一个更加广阔的平台。同时还可以设置教学创新奖、教学质量奖、教学名师奖、教学成就奖等，这样可以增加对老师的奖赏，让老师的教学积极性和创造性得到充分的激发和调动。

3．激励教学创新团队形成

更深入地构建并完善创新团队建设的管理机制和激励措施，激励更多的教师参加教学团队建设，强化他们的团队意识，提升他们的团队素质，凝聚出一个能够在教学实际问题上进行深入研讨的教学创新团队，让老师们能够根据自己的兴趣来开展教学研究、更好地把他们的学科和科研优势转变为他们的教学优势，提升他们的教学水平，推动他们的全面发展。

第六章　大数据时代地方高校教师教学能力研究

第一节　大数据时代高校教师的教学能力内涵

一、大数据时代高校教师教学能力概述

对于教学工作来说，教学能力不仅影响教学质量，还影响学生通过教学活动获取发展能力。一位优秀的教师，既能提高教学效率，又能提高教学质量，更能推动学生的健康成长。教学能力的重要性在各个不同层次的教育领域中均有所体现，高等教育领域亦如此。

随着大数据时代的到来，信息化技术的应用转变了高校传统的教学环境，也对高校教学活动中教师的教学能力提出了更多、更新的要求。这些要求主要体现在教师是否具备大数据信息素养、是否能够使用专业教学相关的数据信息处理教学中出现的问题、是否可以综合运用现代化信息技术提升教学质量并激发学生的自主学习兴趣，进而提高教学效果等。换句话说，大数据时代的出现，给予高等教育重新定义高校教师教学能力的机会。

对于大数据环境下大学教师的教学能力，人们并没有达成共识，也没有形成一个广泛认可的概念。各个领域的学者都按照自己的研究目标和需要，从各个角度对大数据时代下的大学教师的教学能力进行了阐述。然而，在对大数据时代的高校教师教学能力的理解和诠释中，都强调了在大数据时代，随着现代信息技术的发展、互联网的普及，以及智能移动终端

的普及，导致高校教学活动中教师本体和学生客体的互换，以及教与学的变化，这就对教师的综合素质、教学能力提出了新的要求。在大数据时代，高校教师传统知识灌输者的身份已经不再存在，取而代之的是教学活动组织者、课程资源的收集者、教学过程的引导者、学生自学活动的协作者等多重身份整合为一体的新身份①。因为新身份的出现，高校教师的教学重点也从传统的教学设计、知识讲授、课堂监控等方面转变为以学生为主的教学工作，除了保证传统的教育功能外，更注重整合数据资源、协调学习过程、引导学生自主学习过程、提供平等的咨询活动等方面。这一质的变化，对大学教师提出了更高的要求，需要他们拥有更好的大数据信息素养，并掌握对数据资源进行有效收集和整合的能力，提高以引导和协助学生进行自主学习为核心的教学实施能力。

综上所述，在大数据时代，高校教师的教学能力是指：教师具备大数据的信息素质，并能够合理地利用现代信息技术，来改善高校的教学活动，开展科学研究，并进行总结反思的能力。其具体能力主要体现在：对在教学实践活动中需要或会产生的有关数据有一种敏感的数据意识；帮助学生在课前搜集资料，在自学阶段，培养他们辨别与整理网上资料的能力；具备分析、总结、解释所搜集资料的能力；指导学生建立学习目标、为他们创设适当的学习环境、提供激励与支援的合作教学技能；在教学中，如何提高教学质量，在分析学生的学习行为、过程、效果的同时，还可以发现在教学过程中存在的一些缺陷和问题，并展开思考，从而对教学活动的能力等进行调整。

二、大数据时代高校教师教学能力结构层次

在大数据时代，进行信息化教学改革不仅是一种进行课堂教学活动的工具，也是大数据时代独特的教育方式。这种独特的教育方式只有融入在教师的教学设计和教学过程中才能够发挥它的实际价值。在大数据时代，高校教师必须具备将互联网信息科学技术与传统的教学能力进行有效融合的能力。

①武斐婕，李丽，郭海霞，等.基于教学能力发展的高校教师学习共同体的构建[J].山西财经大学学报，2020，42（S2）：136-139.

这时候的高校教师教学活动和专业发展的全过程将会充分体现现代化信息教学的特色，其结构层次也将发生新的变化。

（一）基础知识层次

在大数据时代下高校教师开展现代化教学活动时，应具备基本的知识和技能。这部分基础知识层次包括基础的学科知识、一般的高校教学规律和教学方法的知识。特别值得一提的是，在教学方法的知识更新过程中，更加体现大数据时代的特点，将现代信息化和数据化处理方法、教学新媒体的特点与一般教学方法允分融合、灵活应用。

（二）主体知识层次

在基础知识层次的基础上，高校教师还需掌握关于本学科的教学方法的知识、大数据化的学科知识和信息化教学方法的知识。针对不同学科的特点，将学科的基础知识进行分解，与适合的教学方法进行深层次的融合，进而形成了学科的教学方法；教师将学科知识与互联网时代大数据采集、整理、处理、展示等多种现代化信息技术知识相融合，形成了大数据化的学科知识和信息化教学方法的知识。高校教师在大数据时代里实现真正的教学能力信息化转化的关键就是其对这部分知识的理解和灵活运用。

（三）延伸知识层次

当高校教师将其所讲授知识通过现代化信息技术实现科学化、合理化的转化之后，能够提高教学效果的同时也对本学科的知识体系有了更新的思考和更深刻的探索。大数据时代高校教师的教学能力应该包含利用现代化信息技术进行教学活动时对学科知识的反作用，利用信息化技术对学科专业知识和技能的发展、学科教学方法的改进所发挥的作用。

三、大数据时代高校教师教学能力标准

（一）大数据时代高校教师教学能力的依据

大数据时代对人类的能力要求产生了巨大的影响。人类的生产能力、人

际交往能力，以及群体之间的密切联系，甚至国家和民族的交往都体现了一种信息化和"互联网＋"的特点，人类的生存逐渐体现大数据特色和信息符号的特点，网络也快速地渗透到了各行各业，成了人们工作、学习和生活中不可缺失的组成元素。

大数据时代社会将人们的生存活动从物理空间转化为电子空间，并将人们的生存活动释放在一个松散、广阔、自由的空间里。人类得到空前自由的同时，也获得了高度的话语权。这时，人们在大数据时代里能否依靠自己的知识、技能和智力完成某项活动所体现的能力，就变得更加需要人类内在个性的稳定性和对身心的把控能力。鉴于此，高校对所培养对象制定的培养标准也具备大数据时代的特色，即除了掌握专业能力、社交能力之外，还应具备获取数据信息、处理数据信息的能力，自我提升和处理问题的能力，自我调节和控制能力等。作为培养人才和实施教学活动的高校教师，更应该时刻把握大数据时代人才培养特点，完善自身的教学能力结构，提高教学水平。

在大数据时代，高校教师依托互联网平台可以获取、传播和处理大量数据，并在虚拟环境中展开学习和研究工作，更可以实现远距离教学交流或协作研究。高校教师必须不断学习新知识、新技术，才能够有效完成本职工作，实现个人生存价值。在大数据时代里要求高校教师应具备的全新教学能力的依据如下。

1. 高校教师从事开发人类智力的工作

因为教学工作是开发人类智力的工作，所以教师行业是智力高度密集的行业。以学历为依据能够反映其专业知识、实践技能和科学研究的基本能力。除此之外，还应要求高校教师掌握将自己所学知识、所掌握技能、所具备的思考探索能力通过复杂和创造性的教学活动转化为学生能够感受、学习和掌握的学科知识的能力。简单来说，就是要求高校教师不仅在本专业上精通，具备适用能力、创新能力和科研能力，还应该具备将知识合理转化的教学能力。

2. 在大数据时代高等教育的学科资源共享存在难度

在我国高校理学、工学、农学、医学等一级学科的基础上，又将一级学科又分为若干二级学科。学科门类非常复杂，且学科之间的差异性也非常明显。传统高校教师之间的合作交流通常都局限于本学科的各个专业，但是在大数据时代里这样浅层次的交流显然不符合现代信息化技术发展的需要了。这就对不同专业高校教师如何实现资源共享、如何适应多学科交叉发展的教学工作提出了新的要求。例如，一所医药类院校，营销专业的教师应具备医药营销行业的基本教学能力，还应具备医学营养专业学生从事食品保健类产品的营销工作、医疗器械维护与管理专业学生从事医疗器械产品的营销工作、口腔医学专业学生从事口腔设备的营销工作、老年服务与管理专业学生从事老年人产品的营销工作等多专业融合的营销专业科学的教学能力。

3. 大数据时代学生能够获取丰富的信息，对教师的专业化提出挑战

互联网为人们打开了一道数据库的大门，让人们可以轻易地获取丰富的数据，充分了解想要知道的一切信息。面对学生用手机搜索引擎就能够知道国际贸易的定义的局面，高校教师要如何用自己的方式告诉学生们不一样的、符合他们思维的、更切合实际的国际贸易定义呢？这是大数据给高校教师提出的最大的挑战。另外，在学生们能够快速地掌握新生事物的同时，他们也习惯了"网络打开，一切无忧"地了解世界的方式。这些对高校教师的传统课堂教学提出了新的要求。尽管高校教师也是大数据和互联网的受益者，但是毕竟高校教师还不像学生一样从小就接触网络，还无法自然产生对信息化技术的天然的思维方式。为了满足大数据时代的大学生对知识的需求和获取知识方式的新要求，高校教师必须应用新的思维方式，掌握现代化信息技术，充分提高自身的大数据信息素质。

由此可见，承担着培养创新人才重任的高校教师在大数据时代里必须具备大数据时代的教育思想、教学方法，才能够培养出符合时代要求的新时代综合素质较高的人才。

（二）大数据时代高校教师教学能力的标准

根据大数据对高校教师教学能力的要求，制定其教学能力的标准有以下几点。

1. 大数据时代高校教师技术知晓能力

大数据时代高校教师技术知晓能力首先是指高校教师对大数据应用技术在当前社会生产和人民生活中的应用情况有所了解。在大数据环境下，大学教师的技术知识能力的衡量标准是大学教师应当建立起大数据信息意识，充分了解在社会生产领域、流通领域和高等教育发展领域等应用现代化信息技术的程度和水平。大数据时代高校教师技术知晓能力其次是指高校教师要知道当前现代化信息技术与信息化产品的最新发展情况。该技术知晓能力的标准不仅要求高校教师对现代化信息技术的知识和技术发展具备敏锐的洞察力、能够自觉学习并在实际教学工作中应用最新的大数据应用技术，还要同时具备大数据时代思维方式和现代化信息创新能力，提高利用信息技术解决教学难题的能力。

2. 大数据时代高校教师技术应用能力

大数据时代高校教师技术应用能力首先是指高校教师能够利用现代化信息技术处理日常生活的事情和工作。该技术应用能力的标准要求高校教师具备收集数据信息的能力，并将个人教学工作中产生的数据信息对外发布；要求高校教师能够利用现代化信息技术实现教学和办公的智能化，可以利用网络支付、网络业务办理、网络购物等功能方便自身日常的生活，可以利用网络教学平台完成教学辅助工作。

大数据时代高校教师技术应用能力其次是指高校教师能够利用现代化信息技术支持教学工作和自己的终身学习。该技术应用能力的标准要求高校教师能够将大数据信息理念融入教学设计中，将现代化信息技术融合到教学过程中，充分利用数字化和网络化工具进行教学；可以利用技术资源促进个人专业能力的不断发展和保持终身性学习。

3. 大数据时代高校教师技术文化能力

大数据时代高校教师技术文化能力首先是指高校教师能够习惯通过网络实现教学。该技术文化能力是要通过互联网调查，改变自身学习的方式和工作的技巧，建立和保持与同事或者更大范围内的人群之间的数字化沟通、交流与合作。大数据时代高校教师技术文化能力其次是指高校教师应具备大数据意识，强调高校教师要转变观念，适应时代的复杂性和潮流的变换；强调高校教师要充分认识到数据共享的智慧，利用大数据的开放性和大数据技术的功能性来改变教学过程，降低教育成本，提高教学效果；强调高校教师要遵守大数据时代数字化资源的使用规范、应用规则，并积极培养自身信息化时代的道德修养和文化情操。

第二节　大数据时代高校教师的定位转变

一、大数据时代高等教育教与学的转变

（一）大数据时代的教育变革

当今社会，大数据时代最明显的特征就是大数据应用技术和信息化手段已经成为社会生产力发展的主要推动力。在国民素质教育提升过程中，对于大数据信息处理技术和互联网技术的培养格外重视。国家信息化建设的基础条件就是培养大数据信息化人才。大数据信息化人才培养的前提是教育信息化改革。高等教育改革的重点就在如何深化大数据信息化教学改革的方式、方法、手段和成果。这也是未来一段时间内高等教育持续发展的必要措施和手段，已经得到了政府和社会各界的高度重视和大力支持。

当大数据信息技术进入高等教育领域后，它对学校的人才培养模式、教育教学理念、教育教学方法、教育教学的内容和具体的活动等多个方面都有深刻的影响，并发生了重大的变化，促进了高等教育改革的深入探索和历史性的变化。当大数据技术在教育领域不断应用的时候，高等教育的形式和学生学习的模式也随之发生了重大的变革，更深刻影响了中国高等教育的理念、思维、内容和方式，最终促进了教育体系内涵式变革。

1. 教学模式民主化改革

在大数据时代，利用现代化信息技术和互联网技术，学生可以非常轻松

地得到各个领域、各个方面的大量数据信息。学生可以在这些数据信息中了解世界、学习专业知识、思考职业发展等。在这个自主学习过程中，与传统的课堂教学模式相比，高校教师的参与程度和重视程度都不同程度地降低了。高校教师在学术上的权威性、教学活动中的掌控性都受到了影响。学生更愿意获得尊重和鼓励，更愿意主动地学习自己感兴趣的内容，更愿意从自身特点出发分析和整理学习内容，积极主动思考自己发现的问题[①]。这样的转变充分地体现了教育模式的民主性。所以，在大数据时代高等教育中的教育发生了变化，高校教师也要利用信息来武装自己，顺应教学的改革趋势。

2. 教学技术现代化

在高等教育教学改革的演变过程中，往往是因为在教育活动的现状中出现了问题或者需要人才的得利者对教学对象提出了更高的要求，人们才开始产生教学改革的意愿和具体改革方向。在大数据时代中社会的发展和被培养的学生因为现代化信息技术的影响，对教学活动提出了更高的要求。能够满足这一要求的方法就是大数据时代的信息技术。对于此，教育学家、教育工作者、学生和社会公众等都无比坚信大数据时代的信息技术能够满足大家对人才培养的新要求，依靠大数据信息技术能够切实实现高等教育改革目标。

民主式的教学改革就是让学生从被动接受知识的讲授，转为发自内心、积极主动地对知识产生获取的需求。大数据信息技术在高等教育活动中的应用和发展，使学生主动学习和自由探索创造得以实现。在这个改革创新的过程中，高校教师应该发挥其学术专家的特点，积极尝试现代化信息技术带来的创新教学模式引导、协助和规范学生的自主学习过程。

在高等教育利用现代化信息技术改革的过程中，必须清楚地认识到其变革的根本是高校教学管理者和授课教师教育理念的改变，是大数据时代的科技创新、信息创新的观念对教学体系重新梳理和提高的过程。为了使这一教育创新改革得以实现，教师是关键因素。大数据时代的现代化信息技术不会自觉地融合学科教育，不会自动地、科学地、有效地促进教学活动的发展，

---

① 李辉，龙宝新，李贵安.高校教师教学发展能力的结构与培育［J］.中国高教研究，2020，327（11）：60-65.

更不会主动地创造教育教学的奇迹。不论多么行之有效的教学方法，还是多么神奇的科学技术，没有教师的合理运用和创新探索，一切奇迹都不会发生。所以，要创新实践教学改革，必须从教师的教育理念、教学设计、教学实践和教学反馈等多方面进行转变和更新，要求高校教师具备大数据时代特点的教学能力。

（二）大数据时代的学习变革

在大数据时代，作为高等教育客体的学生也从内而外发生了巨大变化，即学习活动的变革。

1. 大数据时代的大学生可以获得更加丰富的学习资源

现在的大学生已经习惯了信息搜索的方式，即遇到问题就上网搜索，搜索引擎没有答案还有许多的其他的渠道可以获取问题的答案。大数据时代最明显的标志就是互联网将散落各处的信息串联起来，给予人们越来越多的数据信息。在专业建设和学术推广方面，各大高校和数据处理公司做了各种形式的网络课程（如微课、慕课等），并公开推广。大数据时代教育资源的丰富和精细化，不仅使大学生们可以根据自己的爱好和兴趣来选择课程自学的平台，还可以通过加强教学资源的趣味性和针对性来提高大学生的学习效果。

2. 大数据时代的大学生的学习模式更加自由

传统中的高校象牙塔般的学习生活方式，应该是"两耳不闻窗外事，一心只读圣贤书"的样子，同学们必须根据教师要求达到上课不迟到、不早退，认真听讲，写好笔记等教学标准。在大数据时代的教学发展中，大学生将不再受传统课堂教学要求的约束。得益于互联网的普及和现代化信息技术的发展，形式多样的网络课程层出不穷，教师讲授的课程资源库可以在课程网站上获取，产生疑问时通过由任课教师与学生们组成的 QQ 群或者微信群即可找到老师寻求帮助。在这样的大数据环境中，大学生们可以更加自由地支配学习时间，并获得和以往课堂教学模式相同、甚至更好的学习效果。

大数据时代的大学生只要产生了学习的欲望，就可以打破时间和空间的界限，随时随地开始自由的学习活动。这种自由的学习模式将会成为未来高等教育教学工作的主流模式。

3. 大数据时代的大学生急需资源选择和鉴别的能力

大数据时代为大学生提供了丰富多元的学习资源，大学生也相应地拥有了较强的学习自主性。学生可以在很短的时间内找到自己可能感兴趣的大量学习资源，但会出现无法鉴别其真假，甚至难以判断其是否为适合自己的学习资源的情况，也会苦恼于学某一领域的具体什么课程和学谁主讲的课程等一系列问题。这种自由的学习模式无形中造成了选择困难，一旦选择了不合适的学习资源还会浪费宝贵的学习时间，或者选择了错误的信息资源还会使大学生对专业理论体系认识混乱。通过部分课程的网络教学实践，可以看出大学生们尚处在无法合理、科学规划学习时间和内容的阶段。因此，面对大数据时代的自由学习模式，学生必须能够独立思考或者在教师的协助下辨别所获取教学资源的真假，以此来促进学习效果。在大数据时代，要求高校教师依然能够肩负起规范和约束学生利用大数据和互联网来进行学习的责任。

二、大数据时代高校教师角色的转变

（一）大数据时代对高校教师角色的影响

教师角色是教师具体的岗位职责、明确的教学任务及在与学生相处过程中体现的方式和关系。高校教师角色不仅是社会群体对高校教师地位的认可、教学行为的评价和要求，还包括教师自己对其教师身份、行为的认知和期望。在大数据时代，原来象牙塔里神秘的大学教师的形象、工作方式、社会要求、与学生相处的方式等都由于信息技术的发展和互联网的普及发生了重大的变革，所以在大数据时代的高校教师角色也应顺应时代要求发生转变。

1. 大数据时代高校教师工作方式的转变

（1）大数据时代高校教师要在工作方式中充分利用现代信息技术。大数据时代对高等教育所产生的影响是以大数据技术革新、信息资源共享的方式来实现的。这些影响促使高校教师改变了教学方式，创新了许多工作手段。

例如，很多高校都通过手机、平板计算机等移动智能终端作为教学工具开展课堂互动，将教学课件、教学资料等上传之后学生就可以不再使用教材和去图书馆查阅资料，课堂气氛活跃、教学内容丰富、教学方法多样，教学效果非常明显；还有一些高校直接利用弹幕进行课堂教学，当教师发布问题之后，学生可以利用手机、平板计算机等移动智能终端将自己的答案发布在教学屏幕上，实现课堂上的趣味性交流，也有效地活跃了课堂氛围，促进了师生互动。

（2）大数据时代高校教师的教学内容和方式发生了改变。大数据时代的教学，告别了传统的黑板、粉笔和一般教材的教学模式，高校教师尝试或者必须使用电子文本、声音、图片或者视频等媒介作为教学内容传递的主要载体。这样的转变也给高校教师提供了非常大的发展和创新空间，教师尽可能发挥想象力利用各种现代化信息技术，重新设计教学方案，将讲授的知识和技能用更加生动的表现方式给学生呈现出来。大数据时代的高校教学过程突出表现的就是这种表达方式的感染力和影响力。由此可见，大数据时代的高校教师的工作并不是单纯地将知识和技能进行结构分解，再传授给学生，而是发挥更大的创造力，使用大量数据信息和多媒体技术来改革教学过程、教学方式和教学内容等。

以翻转课堂教学方式为例，来阐述在大数据时代，大学教师工作方式的具体转变过程和实施。翻转课堂要求学生首先根据老师的要求通过互联网获取某一主题相关的信息资料，与同伴组成学习小组进行交流，然后在上课的时候充分利用宝贵的时间与老师进行交流和讨论、在老师指导下积极地练习和训练。在这样的模式中，学生原有的在课堂上同时进行的学与做的活动分解为获取知识和掌握吸收两个独立的阶段。这样的分解充分发挥了学生对知识学习的主动性，也提高了学习效率。使用这种教学方式后，高校教师的工作内容也改变了固有的模式。教师把按照教学计划将知识点一一讲授的传统方式转变成为布置授课任务、组织学生小组讨论、检验学生研究成果、解决个别学习问题、布置章节练习等的方式。在教学活动结束后，高校教师也不再是单纯的个体备课，而是将授课任务制作成为微课视频和学生的学习计划。

（3）大数据时代高校教师与学生沟通方式发生了改变。在大数据时代，人与人的沟通方式已经发生了翻天覆地的变化，打破了时间和空间的阻隔，实现了及时的、多角度的、全内容的交流。在互联网技术、智能移动终端和计算机程序等现代信息技术共同搭建的交流平台上，教师与学生的沟通也更加便利、便捷和有效了。教师能够使用互联网技术和云储存技术，将与该课程相关的教学日历、课件、习题等材料与学生共享，从而给学生制订学习计划、布置学习作业，解答学生的问题等。老师们可以通过 QQ、微信、公众号等与同学们进行沟通和互动，更好地掌握同学们的想法，为同学们提供帮助，成为学生们的知心朋友；教师可以通过教学评价系统了解学生对讲授课程的看法和意见，并以此对自己的课程进行进一步的调整。

简而言之，大数据时代的高校教师在学生眼中再也不是高不可攀的形象，而是亲密的学习伙伴。通过多种交流媒介，高校师生之间的沟通变得十分多元，并且对课堂教学起到了积极的促进作用。

2. 大数据时代高校教师的角色承受了更多来自社会公众的期待

传统的高校教学模式在课堂设置、教学目标、教学内容设计和教授方式等各方面都有统一的设定。在大数据时代，人们获取信息的方式非常多元和便利，对教师的期望也不再是单纯的知识灌输，而是发挥学生的想象，创造更多的可能性。

在这样的背景下，社会公众更加期待高校教师应该以学生为主体，协助其完成知识的获取过程，并进一步指导学生综合利用这些信息进行某一知识领域的探索。高校教师需要利用互联网和软件程序与学生实现即时灵活的沟通，对学生在学习过程中出现的疑问进行解答和指导，帮助学生更好地理解和掌握知识。教师综合学生的课堂表现和课后学习，给予学生全面的评价，对于学生的进步要明确鼓励，让学生更深刻地理解学习的意义和本专业的价值。另一方面，因为网络的便捷，导致学生随时随地都可以展开某一问题的信息收集。那么，这种信息的了解和思考都是在某一时间节点发生的，学生的学习时间过于分散。同时，学生收集信息的关键词和主要目的也不尽相同，获取的信息更多的时候是分散而凌乱的，无法形成知识体系。过多零散的知识突然出现在学生学习的某一个节点上，学生没有能力进行整体思考，更无法实现深层次的学习。与此同时，还应考虑学生的自治性和自律性。虽然探讨的是大数据时代高校教师的教学能力改革问题，面对的教学对象已经超过了18周岁，是法定意义上的成年人。但是，网络成瘾的问题并不因成年了而受到控制，对于这种自由的学习形式，必须要从教师的角度加以督导和监管。

在学生的学习过程中，学生要抵御各种来自互联网的娱乐吸引，坚持持续性、计划性的学习。还有一点需要社会和学校注意，在大数据时代学生应该具备对信息的鉴别能力，学生必须能够独立思考或者在教师的协助下辨别所获取的信息的真假，以此来促进学习效果。面对这些由于现代化的信息技术和互联网技术融入高等教育而产生的问题，社会公众更愿意将其解决的任务交给教师。或者更简单点说，人们更愿意相信教师能够起到规范和约束学生利用大数据和互联网来进行学习的行为。正因如此，高校教师应该在教学活动开展之前，充分了解信息之间的关系，并按照其难易程度、主次关系来整合知识点；教师还应该时刻关注现代化信息技术和互联网科技的发展、学科相关的数据特点，以便用技术和数据调整教学内容，确保课堂教学的时效性；此外，教师还应该注重对学生学习过程和学习效果的评价工作，帮助学生对自己的学习进度和学习状态有一个清晰的认识，以便找到问题，提出解决问题的方法，进而有效地督促学生更好地完成下一步的学习工作。

3．大数据高校教师与学生的关系更加亲密

"你们的工作最轻松了，不用坐班，下课就走。"这是普通公众对传统教学模式中教师的看法。他们认为教师与学生的交流仅停留在教室里、课堂上，交流的内容是关于知识的讲授和相关介绍。

在大数据背景下，网络技术使人们的沟通与交流变得更加多样化。例如，老师可以依据授课的内容，进行课后辅导和问题答疑；可以了解学生关心的问题和新闻，在下一次课上进行交流；可以针对学生在专业领域、职业生涯规划方面做知心人，并给予一定的帮助和解答。在课堂上古板权威的教师形象将会被弱化，而积极主动、思维活跃的学生新形象会更加的

丰富。教师不再那么依赖教材，学生也可以通过多种途径了解更多的本专业知识和信息。在这种自由、和谐、合作的关系中，学生可以获得更加有利于个性发展的方法。

（二）大数据时代高校教师角色的发展趋势

在大数据时代，高校教师除了保持传统的教育者、文化传播者和智力开发者的身份之外，还要把主导学生学习转变为引导学生学习、把传递数据资源改为整合数据资源、把组织学习过程转变为协调学习过程、把对学生的学科教育转变为平等的咨询活动。因此，在大数据时代的高校教师角色主要体现为以下九大类。

1. 教育者

高校教师是教书育人者，是承担高校教学活动的主体，也是主导师生关系发展的主要一方。为了实现高等教育对社会发展提供所需人才的目的，高校教师应根据人才培养目标设计教学内容、规划教学过程、创新教学方法，并在教学活动实施的过程中以言传身教的方式影响学生的道德情操和行为准则。所以，高校教师首先应该明确教育者的身份，树立良好师德师风的社会形象。

2. 文化的传播者

教育活动本身就是文化发展和创新的源泉。教师作为教育者的同时，也相应地具备了将其所了解的专业文化知识进行传播的功能。如果没有文化传播和传承的必要，教育者的存在就没有任何意义了。在课堂上，学生用最短、最直接、最有效的方式从教师那里获取文化知识。教师在这一传递过程中利用启发、讲解、评价的方式促进学生对文化知识实现自我消化和再创造。因此，教师在明确自身教育者的身份的同时，还应做好文化传播的工作。

3. 智力的开发者

不同于中小学教育，高等教育内容除了专业知识信息的传递功能之外，还包括对学生在专业领域的智力开发、解决专业难题的能力培养和对本专业的思考、探索等。换言之，高校教师应该在保证基础理论知识和技能的教学效果之外，通过激发和引导的教学方式，让学生对学科领域的拓展知识、延伸技能、创新理论产生兴趣和热情，继而产生对学科继续研究的钻研精神、探索精神和创造能力。在针对学生智力开发的过程中，高校教师应积极探索和创造更适合的教学环境和条件，尝试多种教学方法和丰富的教学资源，以达到开发学生智力、促进学科发展的目的。

4. 信息资源的整合者

互联网已成为现代人类获得知识、信息的重要途径。当人们想要了解某一知识点或者解决某一问题的时候，无论是学生还是一般的社会人都不再是翻阅字典、查询专业书籍或者求教专家，而是打开计算机或者手机在网上搜索相关信息。但是，互联网的大量信息都是杂乱无章、毫无头绪的，还有不少虚假、错误信息掺杂其中。如果未经整理和鉴别，学生仅凭一己之力进行数据搜集和整理的话，其学习效果可想而知。所以，在采用现代化信息技术进行教学改革的时候，教师必须在学生课前进行信息收集、自主学习的阶段对网络信息进行必要的鉴别和整理，建立一个与本专业理论体系相一致的信息资源库，有助于学生构建学习框架和学习道路。高校教师针对本专业教学资源进行信息整理的时候，应该注意不同知识点之间的逻辑关系，以及信息更新的速度和时效性。同时，教师还应在课程资源库中体现学生接受知识的难易程度，使学生认识到自己的学习水平、存在的问题及发展方向。

5. 学生自学的引导者

在大数据时代，现代信息化技术对于人们的工作方式和学习手段都产生了巨大的影响。高校教师在教学过程中也纷纷开展多种多样的教学改革尝试，出现了慕课、翻转课堂和课程资源库等利用网络进行线上和线下相结合的学习模式。在这些创新的教学模式中，利用互联网进行课前自学和课后拓展学习的学生越来越多。当然其中一部分是教师教学的需要。不管原因如何，在大数据环境下，学生的自主性显著增强，而与此相对应的是，老师对其学习过程的控制也显著降低。但是，自学并不是自由的学习，也不一定是有效率的学习。尽管已经是大学生了，在自学过程中也可能遇到知识体系和逻辑关系的混乱情况。所以，在教学过程中，教师要对学生进行正确的指导，为他们提供适当的学习环境，对他们进行激励与支持。在这个时候，高校教师就是学生的导师，引导其实施规范化的自主学习。

（1）教师应指导学生建立一个合理的学习目标。

如果学习目标制定得过高，会影响学生的学习积极性，反而降低学习成效。所以，高校教师应该帮助学生针对自己的基础情况设定合理的学习目标，并帮助其整理学习的信息，激发学习的兴趣。

（2）引导学生组成学习团队。

俗话说，三个臭皮匠顶一个诸葛亮。在进行创意活动的时候，往往采用德尔菲法或者头脑风暴的方法来依靠集体智慧促进技术的创新。在学生进行自主学习的过程中，教师应该引导他们组成学习团队，协助他们分工协作，并激发他们发挥个人所长完成学习任务。这样的自主学习方式可以解决个人独立学习过程中可能遇到的钻牛角尖或者学习任务重等问题，也更利于对知识的探索和创新。

（3）引导学生主动发问。

在自主学习的过程中，学生难免会遇到知识的盲点或者对所学知识理解的误区等。这个时候，部分学生会选择自己思考解决，结果往往是无法解决问题或者降低了学习的效率。所以，高校教师应该积极引导学生在自学过程中按照正确的路线进行学习，并在遇到阻碍的时候主动发问，顺利完成学习内容。

6. 学习团队的参与者

学习团队的学习形式在自学活动中具有重要的作用。由于信息交流的便利性和开放性，学生在学习团队实践的过程中，团队成员之间不必实现物理性质的见面，可以以互联网为媒介展开协作和交流。教师应该参与其中，以行业专家的身份对学生们的学习活动给予指导或者引导其针对重要理论和观点展开讨论，更好地实现学习目标。另外，在整个学习过程中，高校教师适时地出现，给予学生反馈、鼓励，都可以很好地引导学生完成学生任务。所以，在学习团队的自主学习活动中，高校教师的组织和参与是实践团队协作的必备条件。

（1）引导学习团队确定合理目标。

在参与学习团队的自学活动时，高校教师作为活动的组织者引导学生们确定合理的学习目标，并将这一目标分解，组织学生按照各自优势合理分工，完成每一阶段的具体目标。

（2）协助学习团队做好资源整理工作。

在参与学习团队的学习过程中，高校教师作为信息资源的整合者，应该在学习活动开始之前，帮助同学们做好收集、整理和鉴别的工作，为同学们的自学活动提供必要的技术支撑，创造科学的实习环境。

（3）规范学习团队的学习活动。

在参与学习团队的学习过程中，高校教师针对出现的问题或者偏离学习目标的活动应该给予一定的忠告或一些建议，以便帮助学生能够更加科学、主动、合理、规范地完成学习任务。同时，高校教师在学习活动中有监督、对他们的学习过程进行监控和评价的责任，使他们对自己的知识掌握情况和在学习中遇到的问题有一个更好的认识。

总之，高校教师在学习团队的自学过程中能够更好地保证学生学习过程的科学性、合理性和高效性，能够更加充分地利用大数据资源和信息技术协助学生完成学习任务。

7. 学生自学过程中的咨询顾问

大数据时代所提倡的学习主动性和协作性在学生的自学活动中全部都可以体现。学生在与外界进行交流、合作的过程中，获得了一定的知识，并在此过程中形成了自己分析与研究的能力。通过对所学知识的整理、分析和运用，使学生在学习中获得乐趣。在大数据信息技术的帮助下，学生能够比较自由地对自己的学习活动进行规划，掌握自己的学习进程，并且可以根据自己的爱好、特点和学习基础来设计自己的学习内容，并选择一种与自己相适应的学习方法。在这个过程中，高校教师要给予学生充分的信任、尊重，不要过多地干涉。但是，当学生遇到问题和疑惑向教师咨询求助的时候，教师应该针对学生的特点、学科的特性、出现的问题等进行科学的指导和耐心的解答，成为学生学习过程的咨询顾问。

8．教学方法的创新者

在大数据时代的教育教学创新活动中，高校教师身为教育者，要充分运用现代信息技术提高高校的教学质量，为高校的教学改革提供无限的可能和广阔的发展空间。换言之，高校教师必须认识到创新教育是身为一名高校教师的岗位职责和工作内容，成为教学方法的创新者和开拓者是一名高校教师的职业理想和努力方向。

高校教师与中小学教师的不同之处，就是其兼负教学工作和科研工作的双重岗位任务。在日常教学工作中，高校教师以科研改革的成果促进教学活动的前沿性，引领学生深入思考和探索本学科的发展；在日常的科研工作中，高校教师将大数据信息技术与教学活动中的思考和探索进行整合，从而推动专业学科的进步与发展，进一步将专业新成果再反作用于本职的教学工作。如此往复循环，既能够促进科研工作的进步，又能够创新教学工作方法和内容。

随着大数据时代的发展，高校教师对新技术、新科技的掌握情况，能够有效地决定其教学工作的效果，更能够促进其形成科学的教育理念、提升自身教学水平，创新教学方式。

9．学生未来生活的规划者

通过上述分析，传统教育理念中高校教师的角色是教育者、文化的传播者和智力的开发者，到了大数据时代，高校教师的身份更加多样化。这时，高校教师成了一个信息资源的整合者、学生自学的引导者、团队学习的参与者、自学过程中的咨询顾问和教学方法的创新者。除此之外，由于师生关系越发亲密，高校教师还逐渐表现出对学生未来生活具有一定的规划功能。高等教育本身就是创新的教育。在学生进入社会之前，在大学校园里从教师那里获取的知识和掌握的技能是学生在未来适应社会发展的坚实基础。通过教师在课堂教学活动中预测社会发展的前景，学生可以科学地预测将要参与的社会生产劳动、规划即将实现的生活模式、创造未来的无限可能性。

高校教师作为实践高校教学劳动的主体，其对学生的教育、科学研究的探索都起到至关重要的作用。因此，高校教师在实际的教学工作中往往还承担着学生心理健康的指导员、学校与社会公关关系的公关经理等角色。在大数据时代高等教育的发展中，相信高校教师还要承担更多的角色和任务。

第三节　大数据时代高校教师教学能力提升平台的构建

一、大数据时代高校教师教学能力提升平台——规划平台

为了应对大数据环境下高等教育的全方位变革，高校教师必须从教育理念、教育方法、教学模式和教学内容等多个角度重新认识高校教师的工作职责和工作内容，必须重视教学能力对职业生涯规划的影响，并做好发展个人教学能力的计划。所谓的规划就是设计，就是为了做好一件事情，在做事之前提前将事情的发展过程进行计划。那么，针对高校教师教学能力提升的需求，从教师的角度应该主动思考并合理规划，从高校角度应该积极引导教师在大数据时代背景下树立提升教学能力发展规划的思想，并主动开展与此相关的培训或制定相关政策加强教师的理性认识。

大数据时代高校教师教学能力提升平台——规划平台主要包括两个子平台，即指定提升教学能力的生涯规划子平台和实施提升教学能力的生涯规划子平台。

（一）提升教学能力的生涯规划子平台

在大数据时代背景下，任何高等学校都面临着机遇和挑战并存的局面。一个高等学校的发展与其教学团队的发展是密切相关的。高校教师的发展是影响高校发展的最重要的因素。因此，在高校快速发展建设的过程中必须重视教学团队的构建和教师的培养。对于高校教师来说，其首要的任务就是教学工作，也是其最根本的岗位责任。教学能力决定了教学工作的质量，而教学工作又是高校教师职业生涯规划的主线，那么对于其教学能力的培养就是

引导高校教师制定职业生涯规划的基础①。

在"以教师为本"的教育观点指导下，高校教师应该积极提升发展期教学能力。在大数据时代，高校教师的教学能力提升规划应该包括：对教学工作和教学能力的认识、对教学能力发展的意愿和重视程度、对提升教学能力途径的选择、提升教学能力的目标定位、初步制订提升教学能力的计划、实施提升教学能力计划的措施与步骤、定期对实施提升教学能力计划的结果进行检查和反思七个阶段。

1. 对教学工作和教学能力的认识

作为一名高校教师，首先应该对自己所从事的教学工作和执教的专业有清楚的认识和了解，并对其所需要的教学能力有一定的认知，为自己未来的职业发展确定方向。只有充分了解自己应该做什么事情，把这件事情做到什么程度，怎样才能把这件事情做好，才能够正确理解教师的性质、定位和要求，才能够在未来的工作中有的放矢地学习和研究，真正地提升自己的教学能力。

2. 对教学能力发展的意愿和重视程度

在人力资源管理学中强调任何一个组织内部的人力资源管理体系都应该从组织内部员工的发展意愿出发。那么，对于高校这个庞大复杂的系统来说，教师就是其员工队伍中的一个主要的部分。针对高校教师的职业生涯发展规划的制定，同样应该以具体每一名教师的发展意愿为基础。由此可见，在大数据时代下构建高校教师教学能力的提升平台也应以具体每名教师的未来发展意愿和其对教学能力的重视程度为出发点。例如，某位教师对实验实践方面非常感兴趣，并且已经在专业操作方面有所特长或取得一定成果，那么未来对其教学能力的培养就应偏重技能操作方面，而非一定要求其达到理论教学能力的提升；或者某位教师在教学过程中发现个人的行政管理能力比较强，便有意愿从事教学管理岗位的工作，对现代化信息技术能力的提升非常感兴趣，高校应给予支持和鼓励。

---

①西北地区高校教师教学发展研究院成立［J］. 中国高教研究，2020，325（09）：111.

3. 对提升教学能力途径的选择

大数据时代高校教师教学能力提升的主要方向是综合运用大数据分析和现代信息技术解决教学工作中遇到的问题、改革教学方法和教学模式等。在这里必须注意，条条大路通罗马，任何能力的提升途径都不止一种。所以，从高校的角度探索提升高校教师教学能力的时候，一定要提供多种提升途径，让教师根据其个体的特点和发展意愿进行选择，进而在提升平台上形成具有个性化的教师教学能力提升系统。

4. 提升教学能力的目标定位

对高校教师来说，在实施教学能力提升计划之前必须要明确自己所要达到的目标，以此作为自己教学能力发展规划的实施目的。这一情况下，提升教学能力的目标以学期为时间划分依据，设定为每一学期的阶段目标，通过逐步实现六个学期的阶段性目标最终实现三年长期目标。

5. 初步制订提升教学能力的计划

经过前面四个步骤的分析，初步形成高校教师提升教学能力的计划。要求高校教师必须完成计划所规定的目标。

6. 实施提升教学能力计划的措施与步骤

要求高校教师按照规定在一定时间内实施所选择制订的提升教学能力的计划。在实施过程中，人事处和教务处配合完成监督和检查的工作，以保证提升教学能力的计划能够如期保质保量、按部就班地实施。

7. 定期对实施提升教学能力计划的结果进行检查和反思

所谓的教学检查和反思，就是对提升教学能力计划中已经发生了的教学活动中教育观念、教学过程的每个环节和最终教学结果进行自检、找出问题，并结合自己的实际情况提出改进方案。在下一阶段的教学能力提升过程中，实施修订后的提升计划。在教学检查与反思过程中，高校教师应该时刻坚定用高等教育学理论重新认识自己、分析自己、评价自己、塑造自己、提高自己的过程。通过定期对实施提升教学能力计划的结果进行检查和反思，可以将实践性的知识应用于技能提升过程中，形成有智慧、有效率的教学，最终实现教学能力提升的目的。

（二）实施提升教学能力的生涯规划子平台

大数据时代提升教学能力的生涯规划子平台的实施过程要求逐一实施高校教师依据所设计的规划内容和措施。基于定期对实施提升教学能力计划的情况进行检查和反思的结果，与提升目标进行对比。目标与结果之间如果存在偏差，就要回到上一个环节重新进行评估和修订。面对大数据时代的特殊背景，高校、学生和社会对高校教师提出新的要求，高校教师可能会产生迷茫，无法继续原有的职业生涯规划，也很难树立清晰的规划和明确的目标。因此，高校应根据高校教师的反思结果提出新的有针对性的教学能力提升途径，以此促进高校教师的教学能力提升更有目标性和积极性。

二、大数据时代高校教师教学能力提升平台——教学能力技术培训平台

为了实现大数据时代高校教师教学能力的提升，必须要从学校的角度，以高校教师对现代化信息技术的需求和应用为基础进行培训。当高校教师明确了个人大数据时代提升教学能力的生涯规划之后，需要选择适合自己的、多方面的培训途径来实现提升自己的教学能力的目标。

《高等学校教师培训工作规程》是教育部依据《中华人民共和国教师法》制定的。在该规程中，着重指出了对高校教师进行培训的性质、作用、对象等，并对所进行的高校教师培训的组织，提出了培训职责、考核、管理和保障等方面的要求。《高等学校教师培训工作规程》为我国各个高校开展师资培训提供了纲领性指导，让高校教师所接受的培训更加系统性和规范性。随着大数据时代的到来，高等教育信息化势在必行，高校教师也应相应地接受符合时代要求和社会要求的师资培训。针对大数据时代对高校教师提出的关于教学能力新要求，高校组织开展师资培训时，应该充分考虑整个教学能力系统中的所有相关条件，进行有效的整合和分解。另外，还需要注意的是，大数据处理技术和现代信息技术是在不断发展和进步的，而且更新速度越来越

快，与之相关的新观念、新理论和新技术日新月异。所以，高校在进行大数据时代提升高校教师教学能力的培训平台设计时，一定要紧跟现代信息技术的发展脚步，为保证培训的高效性、实效性和革新性，对培训内容进行实时更新和组织。

（一）大数据时代提升高校教师教学能力的培训平台的构架思路

基于《高等学校教师培训工作规程》的要求和大数据时代对高校教师教学能力方面提出的新要求，构建大数据时代提升高校教师教学能力的培训平台的基本程序为：培训调研、培训内容和培训形式的制定、培训的实施与评估。高校人事处和教务处负责定期对教师展开网络在线调查和座谈访问，以此了解本校各个专业教师在教学活动中所面临的困惑和急需解决的问题，以此确定下一阶段所开展的教学能力提升的培训内容和形式。通过这种方式组织的培训更具有目的性，让教师带着问题来学习，带着满意促教学，对提升教学能力具有很大助益。

各大高校针对大数据时代高校教师教学能力的培训形式多种多样，常见的形式为专家讲座讨论、网络视频学习和名师教学观摩等；其培训内容为大数据时代高校教育心理学、大数据时代信息教学理论、优秀教学改革示范和专家讲座指导等。各大高校通常以多种形式相结合，在短时间内集中安排当面讲授培训，并配合网络在线和移动智能终端的学习模式，以解决教师授课时间不一致、难以集中学习的冲突。这样的培训模式明显更适合大数据时代的高校教学需求，也更好地达到培训效果。教学内容方面，高校教师培训要积极采用多种渠道，集中优秀教育教学资源，进行培训活动。

同时，一定要注意在培训结束后，加强对培训的考核和反馈，以此来检验培训效果和意义。目前主要采用的培训评估方式是过程性评价和总结性评价，考核方式为笔试、学习心得、学习报告等，主要是以程序测试为主。

（二）大数据时代高校教师教学能力的培训平台

1. 研习活动系统

为高校教师组织研习活动，帮助所有在校教师了解学校发展的历史与建设目标、学校拥有的教学研究资源，以及学校可以为教师开展教学改革活动和提升教学能力的相关举措而服务的组织部门及相关条例、规范等。这样的研习活动可以为教师设计教学改革活动指引方向和提供建议。

（1）专题报告会。所谓的专题报告会主要是针对学校的发展历史、基本情况、现阶段制定的发展规划，以及有关教师岗位职责和学校组织机构设置情况不定期地举办的专题报告。高校教师能够了解自己高校的过去与现在，有助于其在设计大数据时代背景下教学改革活动时，把握指导思想及专业定位与课程改革是否贴合；了解教师的岗位职责可以有针对性地组织教学团队实施改革活动；了解相关机构设置，可以在实施教学改革过程中更好地协调多方面关系。这样的专题报告会多数情况下由院长、人事处处长、科技处处长等主要负责。

（2）教学资源说明会。所谓的教学资源说明会是在信息化教学改革所需要的教学资源中可能涉及的相关部门来负责向教师定期进行汇报和说明教师可以利用到的教学资源种类和建设程度。高校教师只有掌握了这些信息，信息教学改革活动才能够有效运用这些资源实现教学改革计划，进而达到提升大数据时代所需的教学能力的目标。

（3）大数据信息化教学改革成果分享会。由已经利用大数据信息技术实施教学改革活动并获得成果的教师分享其成功经验和所达到的教学能力提升的效果，促进所有教师更好、有效地利用资源提升教学能力。

2. 教学能力提升的主题沙龙系统

生活中常见的文艺沙龙活动也非常适合有提升教学能力需求的教师们。有相同意愿的不同专业、不同岗位的高校教师聚集在一起，像头脑风暴一样畅所欲言、互相交流、互相促进、集思广益、取各家之所长，使教师能够培养大数据综合素养、学习现代化信息教学技术，设计并实施教学改革活动等需求得到更加高效的满足。这样灵活多样的教学能力提升的主题沙龙能够提升高校教师在大数据时代下的教学能力。

举办灵活多样的教学能力提升的主题沙龙一般步骤为：第一步，由人事处或科学规划处、教务处等相关部门面向全校征集举办教学能力提升的主题沙龙的讨论主题；第二步，选定主题后确定主办部门，并申请经费；第三步，主办部门根据确定的主体设计和组织形式，以及参与人员的条件和规模，并进一步落实时间、场地及相关保障条例；第四步，在校园官方网站上发布主题沙龙相关信息；第五步，开展一系列的主题沙龙活动，具体内容有：提高教师的教学能力的主题讲座、交流研讨、优秀教师的示范课程等，一定要突出大数据信息素养和现代信息化教学能力的培养和实践交流，发现和解决个人在提升教学能力过程中出现的问题并推广创新成果；最后一步，要对主题沙龙活动的实施情况进行总结和资源共享，并将其总结成文，发布在院校部门网站，进行进一步的学习和探讨。

3. 校企合作促进系统

依托校企合作平台，秉承"请进来，走出去"的原则，邀请企业具有匠心精神的行业大师走进校园，组建大师工作室或者在优秀的企业中成立企业工作站，安排教师进入企业，参与一线生产与经营。通过专业技术的实践，了解大数据时代行业用人需求和行业发展前沿问题，通过交流和观摩，进而改进教学中普遍存在的问题，发现教学活动中改革的课题，对高校教师提升教学能力极有针对性而且帮助非常大。大师工作室或企业工作站的工作内容包括大数据时代教学理念、现代信息化教学技巧、课程设计与实施等方面。这部分培训系统属于教师自主选择的项目，可以灵活安排，其培训内容比较自由，培训形式也非常多。考虑教师的教学时间很难统一，其企业工作站实践能力培养可以根据个人情况定制安排，也可以将大师工作室的教学指导内容拍摄制作为视频，放在网站上分享，实现教师的后续学习，更实现了在线学习和教学资源的积累。

4. 教学能力技术培训系统

为了满足高校教师应对大数据时代高等教育变革的需要，高校为教师提供了大数据处理技术、现代化信息技术和最新高校教学改革相关应用知识等方面的培训活动。由于高校教师教学能力的提升过程是一个见效缓慢且需要持久保持的过程，高校应该定期及时地提供高校教师教学能力提升的培训。教学能力技术培训系统的内容应该根据学校不同专业的发展需求制定，具体步骤如下。

（1）确定培训内容。

教学能力技术培训的目的就是提高高校教师在大数据时代背景下的教学能力，所以培训内容是教学能力技术培训成功的关键。培训内容是吸引高校教师投入学习热情、促进高校教师提升教学能力的重要因素。正所谓"需要的、适合的才是最好的"，一定要找到全校教师需要的培训内容。当然，高校培训负责部门也无法制定让所有教师满意的培训内容。因此，在制定教学能力技术培训内容之前，应该面向全校教师积极开展网络调研，争取制定满足全体教师需求的教学能力技术培训。

（2）培训主讲教师的选择。

影响大数据时代提升高校教师教学能力技术培训的因素，除了培训的内容之外，还有对于培训主讲教师的选择。因为培训质量的好坏是由被培训的高校教师所评估的，所以，被培训者对于主讲教师的选择应该有一定发言权。被培训的高校教师选择了自己喜欢的主讲教师，就可以大幅度增加对于教学能力技术培训的认可程度。

优秀的主讲教师自身的教学经验对于教学能力技术培训质量的影响也很大。被培训者可以通过主讲教师教学经历和教学经验的分享解决自己在教学过程中遇到的难题和问题。正因如此，组织教学能力技术培训的时候应该选择具有一定教学经验和较好教学能力的教师。

（3）培训的资源支持。

组织教学能力技术培训，主管部门应该提前准备出来与培训主题相关的课件、教学案例等培训资源，以帮助被培训教师在课后完成主动的复习。

（4）培训方式的选择。

在教学能力技术培训中，培训方式的选择也是一个影响培训效果的重要因素。组织技术培训的主管部门应该尝试将多种培训方式整合，尤其是大数据时代的现代化的培训手段。例如，除了集中、面对面的教学之外，还可以加入在线自主学习、网络小组讨论等内容（微信群或 QQ 群等）、团队协作项目教学（以团队形式集体完成主讲教师布置的项目任务）等。

除此之外，教学能力技术培训过程中，主讲教师应该注意"互动教学"的应用。作为从事教育工作的教师，集中在一起进行培训时，教学方法的应用格外重要。一是因为教育的本质就是"教学交往"，二是因为面对同行教师的技术培训不应该是单方面的讲授，而应该给予被培训教师发表内心感受、个人想法和难题的权利。唯有如此，才可以充分吸引被培训教师的注意力，有效达到培训的实际效果，即达到提高教学能力的目标。

（5）评估方式的选择。

教学能力技术培训活动结束后，应该设定评估标准，并以此结果作为改进下一环节教学能力技术培养的依据和参考。在评估大学时代高校教师教学能力技术培训的效果时，在教学中，要改进以最终评价为主要手段的教学方法，要加大对受训人员的评价力度，同时要注意对受训人员的学习情况进行记录，同时要注意进行改进。

（6）培训活动改进。

根据参与培训的高校教师对教学能力技术培训活动的评价，得出该活动的反馈内容，在教学中，应该积极改进以最终评价为主要手段的教学方法，并在教学中加入过程评价，同时注意对学生的学习情况进行记录，收集学生的学习数据。

第四节　大数据时代高校教师教学能力提升的队伍建设

一、大数据时代下高校教师队伍建设理念

（一）以人为本

高校所承担的责任众多，除教学、科研外，还承担着社会服务职能。教师作为高校人力资源的核心力量，是发挥高校职能的主体，特别是在教育与科研方面有着难以替代的作用。因此，高校管理更应该将人放在中心地位，

重视教师的地位，将满足教师的需求放在重要的位置，提升教师工作的主动性和创造性。以人为本的理念，实际上也是高等学校进一步发展的需要。坚持以人为本，最终实现人本管理。树立人本管理的思想需要在以下三点努力。第一，将教师作为人力管理的中心，重视教师的位置，通过多种手段来激发教师积极性。第二，教师的职业发展也关系到高校的发展，因此管理活动要以教师为中心，推进更多的活动。第三，高校对教师应该做到尊重、理解，提升教师的自信心，给予教师更多的认同感，激发教师的潜能。通过对人员队伍实现人本管理，从而建立一个勤于学习的整体氛围，由教师带动学生，在良好的氛围之下打造孕育人才的摇篮，将高校的职能充分地发挥出来。

（二）能本管理

与人本管理相搭配的另一个理念就是能本管理理念。这一理念就是将能力作为岗位任职的基础所进行的管理方式。将能力作为人员管理的基础，通过科学而有效的方式将人员的最大潜力发挥出来，在最大化地实现个人价值的同时，也使整体实现了巨大的进步。在大数据时代下，知识就是力量，智力和技能变得更为重要，而创新能力又是在知识、技能的基础之上推动甚至改造世界的重要能力。所以，将能力放在重要的位置，对在不同岗位上的能力发挥有着巨大的影响。

大数据时代下，竞争日益激烈，高校之间同样也面临着巨大的竞争。大数据时代为高校提供了发展的巨大空间，也加强了高校间的竞争。可以说，高校提升自身竞争力已经刻不容缓。所以，高校在人员管理方面要紧跟时代发展，推行能本管理的理念适用于高校教师队伍的管理和配置。高校在教师队伍的组建和配置方面，教师的知识、技能、创新和协作能力是最重要的，大学的发展离不开教师。提高教师的个人素质，才能更好地体现出自己的生命价值，同时也能够推动高校发展，贡献自己的力量。对于高校来说，以教师为中心，重视人才，对每一位教师的努力给予尊重和鼓励，将能力作为衡量教师的重要标准，从而激励教师进一步提升自身、发挥更大的潜力。

高校实行教师岗位配置要做到人尽其才，通过能本管理将教师的各方面能力发挥到极致，实现个人与集体双重价值的实现；而人本管理则强调了教师个体的地位，有效地提升了教师的积极性和高校的运转效率。能本管理与以人为本两种观念共同推行并不矛盾，而且会相互助力，产生更大的积极作用。在大数据时代下，个人的时间能力、创新能力在经济发展当中发挥着重要的作用，现代管理也由机械、命令式的管理发展为人本管理、能本管理，以至于以人为本的观念。"人本"和"能本"都不可或缺，都是大数据时代下高校教师队伍管理与组建必须具备的思想观念。

二、大数据时代高校教师队伍的建设方法

（一）教师需求与岗位需求

1. 教师需求

我国高校师资管理遵循的原则之一就是"按需设岗"。高校在设立岗位之前，人事管理相关部门将会对本校教师队伍及本校经济实际情况进行考察，并进行预测分析。需要考虑到这三个问题：第一，当前本校教师队伍的结构层次，年龄、职称、学历、专业等都要包含在内。同时，对高校当前的教学任务和教学要求进行了解。第二，对近年来高校招生状况和变化要有一个清楚的认识，以做好师生比例调节。第三，高校建设要以学术和教学为主，所以学科建设应该放在首位。人事管理相关部门要清楚本校的学科发展及重点学科的情况。特别是学科建设是一项复杂而长期的工程。学科建设的核心是学术梯队建设，学术梯队必须要有学科带头人及合格、成熟的高校师资队伍。总体来看，人事管理相关部门对高校师资队伍的需求进行分析预测时，必须要掌握当前高校师资队伍的情况、高校学生人数的变化、学科建设及高校的建设目标等。在理清多方面需求后，人事管理相关部门最后应该了解高校设置的各个岗位。所以，建设高校教师队伍的前提是对高校全方位的情况都应该有所了解。

2. 高校教师岗位设置

高校教师岗位的设置，应以岗位成本及师资优化为前提。设置岗位必须是为事设岗，而不是因人设岗。确立岗位要求和工作准则后，再公开以岗择人。招聘人才应遵循公开招聘、公平竞争、择优聘任的原则，在整个过程必须严格审核，不可徇私舞弊，最后与合格的人员签订聘用合同。高校要具有这样的意识，教师岗位设立的目的是推进高校实现进一步发展，设立的岗位应该反映高校在学科发展和教学科研方面对师资力量的需求。对于高级职务岗位，首先要考虑学科带头人的人选。学科带头人直接关系到学科建设，是高校发展战略和定位的重要岗位。所以，高校在设置岗位时应该先留有余地，这样更有利于人才的晋升和发展，鼓励中青年教师踊跃表现，推动高校进一步发展。

具体来看，高校教师岗位通常可以分为三类：第一类岗位是以学科带头人、学术带头人为代表的高级职务岗位。这一岗位的人员是高校学科建设的领头人，负责学科建设规划的制定和落实，是学科梯队的建设者。学术带头人是学科下属某一研究方向的领头人，这一岗位根据学科发展及研究方向设立，是学科建设的坚实力量。第二类岗位是学术骨干岗，这一岗位是高校的骨干力量，在学科、学术带头人的领导下担任着高校学科研究，同时其中一部分教师还是高校教学的重要力量，是重要的组成力量。第三类岗位是教学科研岗位，这一类岗位以青年教师为主。这些教师还处于学术积累的重要阶段，在学术带头人、学科带头人及学术骨干的领导下，在学术科研工作中发挥力量，是教学和科研工作的基础性力量。

（二）完善创新教师聘任制

1. 优化人才引进机制

高校进行人才引进要推行明确的人才引进制度，并依照制度来对引进的教师进行各项考核。这是一个系统工程，需要建立完善的引进机制才能发挥其巨大的优势。

（1）创新制度。

要顺利完成人才引进，首先要对制度进行创新优化。行业壁垒、高校与企业之间的隔阂都是阻碍人才引进的障碍，因此对于不同行业、不同类型的人才要推行不同的聘用形式。拓宽聘任渠道，打开聘任范围，是获得更多人才的有效途径。高校拓宽师资来源，向社会各界打开岗位招聘的大门。特别是应用型高校更需要应用型人才，应该为具有实践经验的高层次专业人才提供更多的渠道和方式，通过专职或兼职的岗位来吸引人才的加入。随着我国国力的增强，大数据时代的来临，很多海外学者纷纷回国效力，高校应该趁此时机大力吸引不同教育背景的教师加入，建立更为广阔的人才资源分享市场。

（2）建立新型用人方式。

高校要推动人事管理进一步发展，实现教师人事关系社会化，转变传统高校的教师管理方式，建立高校与教师个体双向选择的新型用人方式。通过人事代理来处理教师的人事关系是一种新兴的人事管理方式。人事代理是经过政府许可的人事关系中介机构，有专业人员帮助委托单位处理员工的各种社会保险。当员工与单位解除雇佣关系后，人事代理就会为员工快速办理人事关系解除的各种事务。人事代理可以为高校减少人事管理的烦琐工作，而且在与教师确立劳动关系上会更加灵活。教师个体也不会为复杂的人事关系所扰，在高校工作期间还可以获得较为健全的社会保障，解除了教师的后顾之忧。劳务委派通常在高校后勤及维护工作岗位较多。总之，高校在教师队伍建设上，不仅要做好吸引人才的工作，还要做好维护人才的工作，为教师提供完善的保障体系，让教师能够安心工作。

（3）严控聘用入口关。

高校教师的聘用，首先参加应聘的人员必须持有教师资格证，另外随着我国高校的发展，学历上至少要达到硕士学位。高校是培养高级人才的摇篮，也是传播知识的圣地，所以高校教师这一岗位对专业性和学术性都有着严格的要求。具有良好教学经历的人员可以提升高校教师的学历结构。高校自身也应该不断适应大数据时代下人才的竞争，高校必须时刻做好人才竞争的准

备，在坚持人力资源规划的基础上，顺应市场发展，在保证人才质量的前提下广招人才。充分利用大数据时代的优势，面向全国、面向世界广泛吸纳贤才，公开招聘高水平的教师。

（4）开拓师资渠道。

开拓师资渠道的重要意义在于丰富高校师资队伍的学缘结构，避免教师队伍出现学缘结构的"近亲繁殖"。尤其是我国高校在教师学缘结构方面一直存在问题。充分利用大数据时代的技术优势，充分地开拓师资渠道，吸纳不同院系、学派的教师可以有效地改善学缘结构。师资来源多，岗位选拔的选择性也多，有利于建设高校教师队伍，提升高校的办学水平。高校应该逐步改变传统的本校毕业生留任的传统，尽量减少或不留本校应届毕业研究生、博士生加入本校的教师队伍。从短期来看，这种做法确实会降低教师队伍扩充的效率，但是对于学缘结构的建立却是长久之计。高校教师的聘任不要将眼光局限在本地域，而是应该放眼全国、放眼全世界，高校根据自身的实际情况和能力，在高校自身能力许可下，追求更大的聘任区域，打破地域限制，丰富自身的师资队伍，打造具有学术多元性的优秀教师队伍。

（5）专兼职结合。

在大数据时代下，高校教师队伍完全由全职教师构成显然是不现实的，建立专兼职结合的教师队伍更加符合高校的发展需求。当前相当一部分专职教师占有编制，一定程度上影响了高校内部人员流动。高校根据教学需求合理聘用兼职教师不仅能够补充高校的师资力量，还能突破传统人事固定编制的束缚。推进专兼职教师队伍的建设，可以推动高校内部人才队伍合理流动，促使高校的办学及科研能力的提升，形成内部良性竞争。以日本为例，日本某些大学师资队伍的构成甚至出现兼职教师比例高于专职教师比例的情况。我国高校在专职教师的基础上，要更加贴合社会，关注人才市场的动向与需求，合理聘用兼职教师，从而有效地利用市场上优质的人才资源。

高校实现专兼职教师的模式，有利于高校从社会汲取更多的人才力量，在内部教师队伍当中选拔、晋升优秀人才的同时，再向社会聘用人才，这需要做好内部教师培养工作，另外还要做好聘用兼职教师的工作。结合大数据信息高校的发展，高校要结合自身情况来编制教师队伍，通常来说，教师队伍应该留出 1/4 ～ 1/3 的教师岗位用作流动岗位，充分利用兼职教师的力量。兼职教师的来源不能局限在人才市场，高校还可以从科研单位、企业、政府等部门聘请专业人士。这些人士不仅有扎实的基本专业理论知识，还有丰富的实践经验，可以带来本校专职教师不同的教学效果。

2. 完善教师聘任制

我国高校在推进教师聘任制的人事制度已经取得了一定的成果，不过仍然存在发展弊端。这些问题的产生主要是因为在大数据时代转变的过程中，各方面转变进度不一而产生的矛盾和冲突。高校教师职务的聘任建立在双方关系平等与法律契约化的基础之上。高校推进教师聘任具有双边竞争、双向择优的特点，不论是高校还是教师都应遵照契约完成自己的义务，同时获得自身的需求。这种聘任形式适合当前时代的发展，不论是高校还是教师个人，在公平的聘任关系之上，有着相对自由的选择权。

随着高校扩招的进行，大学的招生人数也在逐年增长。既然如此，教师数量相对不足，通过专兼职教师聘任的方式可以有所缓解。不过在大数据时代下，随着高校之间的联系愈加密切，教师资源共享机制成为当前高校教育的一个热点。教师资源共享就是充分利用当前的信息传播优势，打破传统高校独立教师管理的封闭状态。实行高校教师资源共享，不仅是教师在多个学校任教，更可以利用大数据的信息技术优势，实行远程授课。这有利于解决教师分布不均衡、师资结构不合理的问题。不同教师的授课，也可以丰富教学成果，解决学缘结构"近亲繁殖"的问题。从另一个角度来看，高校师资资源共享实现的另一个途径是推进产学研合作。产学研合作将高校与企业联系在一起，企业与高校共同参与研究生的培养工作，这种合作机制也可以继续深入，有资质企业可以作为高校教学的实习合作单位。推进企业高校及科研机构共同携手发展，分享人才资源实现人才共享。

（三）革新高校教师薪酬体系

高校教师多以资历来体现自身的价值，高校也会根据教师的资历来将教师安排在相应的岗位上，但是这种方式并不能很好地激发教师的工作积极性。改革教师薪酬体系的目的是激发教师的工作积极性。所以，高校在确立岗位聘任时应以能力为标准，在发放薪资时也将教师的能力和表现作为薪资的参考。

薪酬体系不仅仅是为了稳定教师队伍，也是为了激励教师队伍。随着高校独立性的提高，教师薪酬中高校创收占据了越来越大的比重，所以，高校应该充分发挥薪酬的激励作用。在设置薪酬时，高校应该考虑到两个方面的问题：第一，教师的薪酬应与当地生活水平保持一致，确保教师的物质生活需求；第二，高校要设立绩效工资来体现优秀教师的价值，通过薪酬来奖励优秀教师，也激励其他教师积极工作，努力提升自身的能力。大数据时代下，高校不可避免地加入教育市场的竞争当中。这就要求高校教师的薪酬体系不仅要考虑校内的公平性与合理性，还要参考外部竞争的状况。还应该考虑到，高校教师的专业和学科各不相同，由于市场的影响，高校教师薪酬水平也要根据学术劳动力的供需状况来发生相应的变化。所以，高校不同学科教师的薪酬也会存在差异，其变化会因为行业市场的情况而发生相应变化。

（四）规划教师职业生涯

以往的观念认为个人职业生涯的规划是个人的问题，与单位组织无关。但是，在大数据时代，高校要建立优秀的教师队伍，就应该为教师们的职业生涯考虑。设立教师的职业生涯规划不仅是为教师服务，更是设立了一个团队发展目标，为教师们的未来发展建立了目标，为教师提供了职业发展的方向，最终可以激发教师工作的积极性，进而建立优秀的教师队伍。

加拿大相关学者曾经将教师职业按照能力水准划分为四个阶段，分别为适应期阶段、成熟阶段、职业高峰阶段以及职业骨干阶段。这种阶段划分是以教师的整个职业发展周期来制定的，几乎是每一个高校教师都要经历的职业阶段。而我国对于高校教师职业发展出现过两种观点：第一种观点将教师生涯分为三个阶段，分别为角色适应期、主要发展期及最佳创造期。角色适应指的是教师熟悉高校教学的阶段，适应工作的过程通常需要 2～3 年的时间，才能走向成熟。另外一种看法将其划分为六个阶段，即适应阶段、成长阶段、高速发展阶段、平稳发展阶段、缓慢退休阶段和平静退休阶段。其实，职业生涯规划的设计有很多，归纳起来都大同小异，都要经历自我认知、制定目标、自我与环境评估、职业选择、职业生涯策略及评估反馈。

通过以上六个步骤，可以对自己的职业生涯有一个清晰的认识，并设立发展阶段。对高校教师的职业发展引导，首先要使高校教师正确地认知自我。高校教师制定自己的职业生涯必须要知道自己追求的是什么，自己生活的目标是什么。对自己有了正确的认知才能选择自己想要的事业，从而来确立自己努力的方向。有了目标就有了奋斗的动力，但是目标的设立应分为短期目标和长期目标，目标的设立要切合实际。接下来，就要以目标为自己的推动力，专心实现自己设定的目标，当完成一个短期目标时，就是向自己长远目标迈进了一步。通过自我与环境评估，高校教师分析当前所具备的客观条件，并结合自身的情况，从而对自己有一个相对客观、合理的评价和认识。通过职业规划，帮助高校教师发现自己的能力和拥有的环境资源，从而帮助自己找到最佳的路径。对高校教师来说，通过职业定位帮助教师制订属于自己的发展计划，寻找到自己当前存在的薄弱点及自身的优势，思考自己是否真正热爱自己的职业，是否达到了人生道路与职业道路相匹配的最佳状态。

参考文献

[1] 王蒙雅．应用型地方高校青年教师发展问题及对策［J］．佳木斯职业学院学报，2021，37（8）：147-148.

[2] 张国福，沈洪艳，杨丹，等．工匠精神视域下高校青年教师发展的困境与对策研究——以吉林省 23 所应用型大学为例［J］．南方农机，2021，52（11）：138-139，160.

[3] 吴会芳．向应用技术型高校转型背景下"双师型"英语教师专业发展路径探析［J］．作家天地，2021（11）：130-131.

[4] 任晓敏，吴荔红．新时代应用型高校教师专业发展的自组织路径［J］．宁波大学学报（教育科学版），2021，43（2）：115-123.

[5] 林杰．美国大学教师发展运动的历程、理论与组织［J］．比较教育研究，2006（12）：30-34+50.

[6] 庞颖．美国高校教师发展中心使命、领导方略和实践活动研究［D］．福建农林大学，2016.

[7] 雷玉．大学教师教学发展模式研究［D］．武汉：武汉理工大学，2014.

[8] 张巾帼．美国高校教师发展中心的功能研究［J］．天津中德应用技术大学学报，2021（3）：55-60.

[9] 康世宁．中美高校教师发展中心建设的比较研究——以美国密歇根大学学习与教学研究中心为例［J］．现代教育技术，2019，29（11）：7.

[10] 赵惠君．美国高校教师发展中心运行理念述评［J］．高等教育研究学报，2019，42（3）：85-91.

[11] 朱雯珊．"双高计划"背景下高职院校教师发展中心功能定位与实施路径研究［J］．职教论坛，2021，37（10）：85-89.

［12］李庆丰.大学新教师教学能力发展研究：核心概念与基本问题［J］.中国高教研究，2014，（3）：68-75.

［13］汪红梅.提升大学教师教学能力的几点思考［J］.中国成人教育，2015，（12）：102-104.

［14］彼得·法林.教学的乐趣［M］.姚晓蒙，陈琼琼，李梅，译.上海：华东师范大学出版社，2009.

［15］罗伯特·斯莱文.教育心理学：第10版［M］.吕红梅，姚梅林，等，译.北京：人民邮电出版社，2016.

［16］罗华陶，蔡勇强.大学教师教学能力的内涵、结构及培养机制探析［J］.湖北社会科学，2014，（12）：160-164.

［17］陈嘉怡.高职人事管理工作中的青年教师师资培养策略研究［J］.黑龙江教育学院学报，2013（2）：36-37.

［18］王丹莉，胡小舰.地方高校教师教学能力提升研究［J］.现代交际，2020（6）：146-147.

［19］田雁飞，余雄辉.新时代高校中青年教师教学能力提升对策研究［J］.智库时代，2020（10）：213-214.

［20］朱赛敬.新形势下应用型高校教师教学能力提升措施研究［J］.经济研究导刊，2020（5）：68-69.

［21］俞成涛，孙月梅，叶霞.新工科建设背景下地方高校教师教学能力提升途径研究［J］.江苏理工学院学报，2019（6）：102-106.

［22］李琳琳.提升高校教师教学能力的探索与实践［J］.才智，2019（20）：83.

［23］仇海娟.高校青年教师教学学术现状与对策研究［D］.合肥：安徽农业大学，2014.

［24］姚利花，张占东.创新型新工科人才培养体系的构建及实践［J］.大学教育，2020（5）：37-39.

［25］韩英军，王晓阳，连红军.教育国际化视角下高校教师人才培养模式的

改革创新发展研究 [J].理论观察，2015（4）：159-160.

[26] 朱来斌.地方本科高校转型视域下"双师双能型"师资队伍构建路径探析 [J].学术探索，2016（12）：149-151

[26] 张晓旭.地方高校师资队伍建设与优化研究 [J].国家教育行政学院学报，2014（04）：38-42.

[27] 阙明坤.教师转型：应用型本科院校高质量发展的关键 [J].中国高等教育，2022（23）：31-33.

[28] 聂玉景.论内涵式发展中高校教师领导力的提升 [J].黑龙江高教研究，2019，37（03）：90-93.

[29] 叶延禹.高校教师职业发展的性别差异研究 [D].浙江大学，2021.

[30] 里斯特.公民身份：女性主义的视角 [M].夏宏，译.长春：吉林出版集团有限责任公司，2010.

[31] 游旭群，靳玉乐，李森，等.新时代教师教育高质量发展大有作为 [J].高校教育管理，2022，16（05）：1-21.

[32] 丁妍，陆昉，陈侃，等.高校教师教学培训的效果研究：概念变化的视角 [J].复旦教育论坛，2022，20（06）：88-95.

[33] 杨洁，邵艳菊.孤独的前行者：高校初阶女教师的职业发展困境与身份建构 [J].教育学术月刊，2022（03）：97-103

[34] 孟国芳.地方高校师资队伍建设存在的问题及对策 [J].科教导刊，2022，No.494（26）：77-79.

[35] 余茂辉，胡伟.地方应用型高校创新型教师队伍的建设路径探讨 [J].湖北工程学院学报，2022，42（04）：47-51.

[36] 曹利华，胥刚.新文科建设：地方高校教师队伍的现实困境及应对策略 [J].黑龙江高教研究，2021，39（11）：23-27.

[37] 邱国锋.地方高校教师专业生态化发展理念与实践探索 [J].教育评论，2017，No.216（06）：103-107.

[38] 樊千，邱晖.转型期地方高校教师队伍建设对策研究 [J].黑龙江高教

研究，2018（02）：104-106.

[39] 于彦华，陈光.激发内生动力促进自主发展——地方高校自我导向型教师教学发展模式建构 [J].中国大学教学，2018（05）：78-81.

[40] 陈亮，王光雄.论地方本科高校转型背景下的教师专业发展路径优化 [J].教师教育研究，2015，27（06）：26-33.

[41] 贾美艳.地方高校转型发展背景下教师自我身份的重构——基于教师作为社会服务者的视角 [J].中国成人教育，2013（19）：106-108.

[42] 陈立万，向春荣，谢昆 论地方转型高校应用型教师能力的提升 [J].教育与职业，2015（22）：81-83.

[43] 陈利华.地方高校教师教学能力发展的思考与实践 [J].中国大学教学，2010（02）：75-76.

[44] 郭丽君，周清明.地方高校青年教师的发展 [J].高等教育研究，2011，32（01）：65-69.

[45] 余胜泉.人工智能教师的未来角色 [J].开放教育研究，2018，24（01）：16-28.

[46] 黄如花，李白杨.数据素养教育：大数据时代信息素养教育的拓展 [J].图书情报知识，2016（01）：21-29.

[47] 张进良，李保臻.大数据背景下教师数据素养的内涵、价值与发展路径 [J].电化教育研究，2015，36（07）：14-19.

[48] 王鑫."互联网＋教育"背景下高校教师专业发展路径 [J].继续教育研究，2017（01）：92-94.

[49] 葛文双，韩锡斌.数字时代教师教学能力的标准框架 [J].现代远程教育研究，2017（01）：59-67.

[50] 韦雪艳，纪志成，周萍，陆文君.高校青年教师教学能力影响因素与提高措施实证研究 [J].现代教育管理，2011（07）：75-78.

[51] 曹月新，张博伟.高校教师教学能力培养问题研究 [J].东北师大学报（哲学社会科学版），2016（02）：208-213.

［52］黎琼锋.高校教师教学能力提升的困境及其突破［J］.国家教育行政学
院学报，2019（02）：55-61.

［53］陆道坤.高校教师教学能力发展的"教""学"融合模式——基于耶鲁
大学教与学中心的研究［J］.高校教育管理，2017，11（03）：88-94.

［54］熊耕.英国高校教师教学能力发展体制分析及启示［J］.外国教育研
究，2018，45（09）：57-69.